KB185519

부의 핵심

THE STOIC PATH TO WEALTH

by Darius Foroux

부의 핵심

• 감정에 휩쓸리지 않고 지속적으로 부를 쌓는 방법 •

다리우스 포루 지음 · 박선령 옮김

THE STOIC PATH
TO WEALTH

와이즈베리
WISEBERRY

차 례

부를 쌓는
고대의 지혜, _____ 스토아 철학

01 지속적인 부를 추구하면서 알게 된 것들   9
02 고대 철학을 적용해 부를 쌓아라   26
03 스토아 철학으로 투자 우위를 구축하는 3단계   33

부의
핵심 1 _____ 나에게 투자해라

04 돈으로 환산할 수 없는 기술을 가져라   47
05 주식시장의 숨은 원칙들   66
06 투자는 습관, 일관성 있게 투자해야 성공한다   87

부의
핵심 2 _____ 손실을 받아들여라

07 단기 손실에 익숙해셔라   107
08 그렇다고 가진 돈을 다 잃어서는 안 된다   125
09 탐욕을 버려라   144

부의
핵심 3 _____ 돈을 복리로 불려라

10 돈이 일하게 해라   163

11 자신의 판단을 믿어라   179

12 원래 세웠던 투자 전략에서 벗어나지 마라   196

스토아 철학이
가르쳐주는 _____ 투자 테크닉

13 주식 투자, 어떻게 시작할 것인가   213

14 스토아주의자처럼 은퇴하기   224

15 90 대 10 트레이딩 규칙   230

결론   **바위처럼 단단한 투자자가 되는 법**   243

감사의 말   248

주   251

부를 쌓는
고대의 지혜, _____

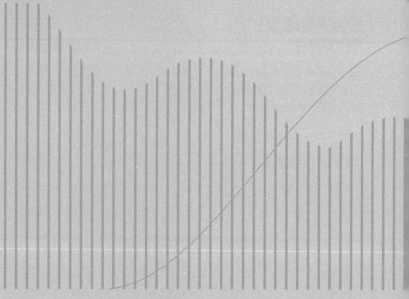

스토아 철학

STOIC PATH

WEALTH

지속적인 부를 추구하면서 알게 된 것들

나는 이란-이라크 전쟁이 한창 절정으로 치닫던 1987년에 이란의 수도 테헤란에서 태어났다. 내가 태어나고 1년 뒤, 어머니는 이란을 떠나 네덜란드로 향했다. 그곳에는 몇 달 앞서 피난을 떠난 어머니의 가족들이 있었다. 전쟁 중에는 성인 남자들의 출국이 허용되지 않았기 때문에 어머니는 아버지를 두고 혼자 먼 길을 가야 했다. 네덜란드 이민국에 도착한 어머니는 돈도 없고 여행 가방도 달랑 하나뿐이었다. 그게 어머니가 가진 전부였다. 1990년에 네덜란드에 도착한 아버지도 맨몸이었다. 아버지는 육로로 와야 했기 때문에 거의 두 달 가까이 걸려 네덜란드에 도착했다. 상당히 극적인 사건처럼 들리겠지만, 이는 전 세계 수백만 명이 겪은 이야기다. 이민자들의 땅인 미국에 사는 이들이라면 그들의 부모, 조부모, 증조부모도 비슷한 상황에서 미국으로 건너왔을 것이다.

부득이한 상황에서 서둘러 조국을 떠난 사람은 아무것도 없는 상태에서 다시 시작해야 한다. 우리 부모님도 다시 교육을 받고, 새로운 언어를 배우고, 다른 문화에 적응하고, 새로운 이들과 관계를 맺으면서 본인들과 우리 형제를 위해 더 나은 미래를 건설해야 했다. 내가 기억하는 그 시절 우리 가족은 하루 벌어 하루 먹고사는 형편이었고 늘 빚에 허덕였다. 우리 집에서는 모든 게 돈, 부족한 돈을 중심으로 돌아갔다.

부모님은 우리를 풍족하게 키우려고 애썼지만, 식료품부터 옷에 이르기까지 모든 물건의 가격을 놓고 말다툼을 벌이는 일이 잦았다. 그렇게 살림이 넉넉지 않았지만 형과 내가 배를 곯은 채로 잠자리에 든 적은 한 번도 없었고, 심지어 닌텐도 게임 콘솔도 갖고 있었다. 하지만 왠지 늘 죄책감이 들었다. 부모님이 겪는 금전 문제가 다 내 탓인 듯했다. 부모님이 경제적으로 얼마나 어려운지 정확하게는 몰랐지만 집 안에 항상 긴장감이 도는 건 느낄 수 있었다. 때로는 우리가 가진 걸 전부 잃을까 봐 두려웠다. 나만 없으면 이런 돈을 쓸 필요도 없고, 그러면 두 분이 말다툼도 하지 않을 것이라는 생각이 계속 들었다. 내가 지나치게 책임감이 강한 아이라서 그런 생각을 했다는 걸 지금은 안다. 하지만 유년기에는 내가 처한 환경 때문에 그런 위기감을 느낄 수밖에 없었다. 그래서 더 이상 그렇게 살지 않으려고 부자가 되겠다고 결심했다.

대학에서 경영학과 재무학을 전공한 것도 그런 이유 때문이다. 다른 친구들이 본인에게 적합한 전공을 선택하려고 얼마나 고심했는지 기억한다. 하지만 나는 고민할 필요가 전혀 없었다. 내 유일한 목표는 돈을 많이 버는 것이었고, 경영학 학위를 취득해야 목표를 달성할 가능성이 가장 높아질 것이라고 생각했다.

대학에 재학 중이던 2007년에 네덜란드의 다국적 은행 ING에 취직했다. 당시 ING는 전 세계에 지사를 두고 적극적으로 영업 활동을 하던 국제 기업이었다. 아직 세계 금융위기가 발생하기 전이라서 업계 규제도 지금보다 훨씬 덜했다. 학교에 계속 다니면서 ING에서는 야간 근무를 했는데, 처음에는 개인 금융 부서에서 고객의 신용카드나 대출 신청 같은 일상적인 업무를 도왔다. 그렇게 3개월간 일하면서 꽤 괜찮은 실적을 올리자, 투자 부서의 뮤추얼 펀드 자문 자리를 제안받았다. 내 꿈이 이루어진 것이다. 10대 때 〈월스트리트〉나 〈보일러 룸〉 같은 영화를 보며 그 안에서 잔뜩 미화된 금융계를 선망했다. 그래서 투자 부서에서 일할 기회가 생기자 〈월스트리트〉에서 찰리 신이 연기한 버드 폭스처럼 전화로 주식을 파는 내 모습을 상상했다. 버드처럼 개별 기업 주식을 판 건 아니고 뮤추얼 펀드와 주식 바스켓을 팔았지만, 그 정도면 충분히 비슷한 것 같아서 진짜 주식 중개인이 된 듯한 기분이었다.

당시 네덜란드 금융서비스 업계에서는 놀라울 정도로 쉽게 투자

자문이 될 수 있었다. 3주간 진행되는 교육 프로그램에 참여하기만 하면 그걸로 끝이었다. 내 임무는 간단했다. 다른 금융 상품에 투자 중인 기존 고객에게 전화를 걸어 은행에서 출시한 최신 뮤추얼 펀드에 투자하라고 설득하기만 하면 되었다. 상품 홍보는 즐거웠고 고객에게 전화하는 것도 좋은 경험이었다. 그때는 사람들이 은행 직원들과 대화하는 걸 좋아하고 여전히 은행원을 신뢰하던 시절이었다. 하지만 지금 와서 돌이켜보면 '어떻게 겨우 3주간 교육 프로그램을 이수한 스무 살짜리 애송이가 고객들에게 투자 상품에 대해 조언할 수 있었을까?'라는 생각이 든다.

관건은 수익이다. 은행에서는 지속 가능 에너지나 신흥 시장, 기술 같은 특정 주제를 내세운 뮤추얼 펀드를 계속 만들어서 출시한다. 뮤추얼 펀드는 펀드 매니저가 선택한 주식 바스켓이므로 이 펀드에 투자하면 펀드 매니저의 잠재적인 성공에 편승하게 된다. 은행은 고객이 투자하는 돈에 대해 소정의 수수료를 받기 때문에 투자자를 최대한 많이 유치하는 것이 목표다. 그리고 고객을 유치하는 건 쉬웠다. 일하지 않고도 돈을 벌게 해주겠다는데 누가 거부할 수 있겠는가? 그냥 펀드에 투자하고 부자가 될 때까지 기다리기만 하면 된다.

처음에 거래를 몇 번 해보고는 내가 투자 천재라고 생각했다. 가속, 친구, 동창, 교수 등 만나는 사람들마다 붙잡고 내가 하는 일에 대해 얘기했다. 은행에서 받은 봉급으로 ING 주식도 샀다. 그리고 주식을 사자마자 초조하게 손을 비비면서 얼른 부자가 되기를 기다렸다. 주식을 매입할 당시 가격은 주당 27달러 정도였다. 하지만 그로부터 1년 뒤, ING 다이렉트 거래가는 3달러 선으로 떨어졌다. 하필이면 2008~2009년 금융위기를 초래한 주택시장 거품이 최고조에 달한 때 투자를 시작했던 것이다. 많은 돈을 잃자 속이 쓰렸고 오랫동안 그런 기분에 시달렸다.

그래도 최저점에서 팔지 않고 2011년까지 주식을 보유했다. 하지만 주가 때문에 감정이 널뛰는 상태를 더 이상 견딜 수 없어서 결국 주당 11달러 정도에 팔았다. 4년 새에 투자금 60퍼센트를 잃은 것이다. 그동안 주식시장은 호황세로 접어들어 이미 손실을 회복하고 금융위기 전보다 오히려 괜찮은 상황이었다. 내가 투자한 돈은 겨우 2,000달러 정도였지만 투자 금액이 얼마든지 간에 절반 이상을 잃으면 속이 상할 수밖에 없다. 경제적으로 힘든 집에서 자라며 고통을 겪은 것으로도 모자라 주식시장에서도 실패하고 나니 투자가 너무 어렵게 느껴졌다. 주식시장에서 돈을 잃은 사람들이 다 그렇듯이 나도 주식은 부자나 쓰리피스 정장을 입은 월스트리트 금융가들을 위한 것이라고 생각하게 되었다. 그때쯤에는 경영학 석사학위도 취득했고, 재무학도 전공했지만, 주식시장을 통해 부를 쌓을 자신이 없었다. 그래서 다 포기하고 주식을 팔았다.

사실 우리는 투자를 해야만 하는 상황에 놓여 있다. 일상생활을 영위하는 데 드는 비용이 점점 비싸지고 있으니 말이다. 식료품비,

가스비, 보험료, 에너지 가격 등 거의 모든 것의 가격이 오르고 있고 집을 살 여유가 없는 사람들도 많다. 더 나쁜 건 임금 상승률이 인플레이션을 따라잡지 못한다는 것이다. 실질적인 자산이 없는 사람은 재산이 매년 정체되거나 감소하고 있다. 오른쪽 페이지의 그래프는 시간이 흐르면서 인플레이션이 현금에 미치는 영향을 보여준다. 1980년부터 2022년까지 미국의 인플레이션율은 연평균 3.06퍼센트였다(2021년과 2022년의 높은 인플레이션율을 포함해서 계산했을 때의 수치다).

이에 비해 시장(여기서 말하는 '시장'은 미국의 500대 상장 기업이 포함된 S&P 500 지수를 뜻한다)은 1980년 이후 연평균 11.44퍼센트의 수익률을 달성했다. S&P 500이 처음 출범한 1928년부터 따져도 연평균 수익률이 약 10퍼센트나 된다. 인플레이션율을 감안해서 계산할 경우 시장 수익률은 연평균 8.38퍼센트다. 별로 높지 않은 것처럼 보일 수도 있지만, 투자를 하지 않고 현금을 계속 보유하고 있을 때의 상황과 비교해 보라.

이건 현금 보유자에게 끔찍한 그림이다. 1980년에 매트리스 밑에 1,000달러를 넣어뒀다고 상상해 보자. 42년 뒤인 2022년에 그 돈의 실제 가치는 240달러가 될 것이다. 그러나 그 돈을 S&P 500 지수에 투자했다면 실질 수익(인플레이션율 조정)은 29,632.50달러가 될 것이다. 그 기간 동안 우리는 전쟁, 경기 침체, 자연 재해, 정치적 긴장, 주식시장 거품, 금리 인상, 심각한 금융위기 등을 경험했

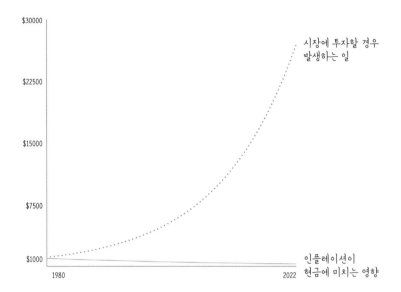

주식시장에서 진행되는 양(+)의 복리와 인플레이션으로 인한 음(-)의 복리의 차이

다. 또 두 자릿수 인플레이션, 공급망 문제, 노동력 부족 같은 다양한 2차 문제와 700만 명 가까운 사망자를 초래한 세계적인 유행병도 겪었다. 그러는 사이에 자산 가격이 상승했다. 문제는 모든 사람이 자산을 소유한 건 아니라는 점이다. 이 때문에 부의 격차가 생긴다.

전 세계 거의 모든 국가에서 선진화 정도에 상관없이 불평등이 심화되고 있다. 예를 들어, 세계에서 가장 부유하고 번영하는 국가인 미국에서는 1989년부터 2016년까지 가장 부유한 가구와 가장 가난한 가구 간 빈부격차가 두 배로 늘었다. 지난 수십 년 동안 경제적 불평등이 정치인과 경제학자의 관심을 사로잡은 것도 당연하다. 하지만 그럼에도 큰 변화는 일어나지 않았는데, 이는 많은 사람이 급여 인상에만 집중하기 때문이다. 급여가 오르면 즉각적인 재정 안정에는 도움이 되지만, 이는 장기적으로 부를 쌓는 방법이 아니다. 데이터에 따르면, 소득이 50만 달러 미만인 납세자 가운데 99퍼센트는 급여가 소득의 75퍼센트를 차지한다. 반면 백만장자는 급여가 전체 소득의 15~50퍼센트에 불과하다.

부자가 되는 방법과 관련해 우리가 알고 있는 건, 신뢰할 수 있는 자산에 투자해서 시간이 지날수록 돈이 불어나게 하라는 것이다. 굉장히 쉬운 방법처럼 보이지만 사실 우리 인생에서 가장 어려운 일 중 하나다. 어떤 희생을 치르더라도 부자가 되고 싶은 게 아니기 때문이다. 더 많은 돈을 원하지만 동시에 마음의 평화도 원하는데, 이 두 가지가 항상 공존하는 것은 아니다. 돈이 많아서 생활비를 걱정할 필요가 없다고 하더라도 여전히 그 돈을 잃을지도 모른다는 두려움에 시달릴 수 있다.

우리는 재정적으로도 정신적으로도 다 번영해야 한다. 재정이 탄탄하고 마음이 편안한 것, 그게 진정한 부다. 돈을 벌려고 일에만 의존하지 않을 때, 우리 돈이 주식시장에서 저절로 복리로 불어날 때, 비로소 시간을 돈으로 바꾸는 함정에서 벗어날 수 있다.

세상을 뒤흔드는 사건 속에서도 경제는 계속 성장하고, 그 결과 주식시장도 계속 상승하지만, 성공적인 징기 투자를 위해서는 몇 가지 과제가 있다.

첫 번째 과제:
변동성에 휘둘리지 마라

주식시장을 이용하는 게 부를 쌓는 좋은 방법이라는 사실은 많은 사람들이 안다. 문제는 시장 변동성이 너무 커서 주식 투자가 어렵다는 것이다. 끊임없는 주가 변동은 인간의 두 가지 강렬한 감정인 두려움과 탐욕에 영향을 미친다. 시장이 하락할 때는 두려움을 느끼고, 시장이 오르기 시작하면 욕심이 나서 평생 저축한 돈을 한꺼번에 시장에 쏟아붓고 싶은 충동을 느끼는 것이다.

2020년 이후 주식시장에 이런 변동성이 확대되었다. 코로나19 팬데믹이 발생하면서 주식 거래가 그 어느 때보다 인기를 끌었다. 2011년에는 개인 투자자가 주식시장 전체 거래량의 10퍼센트 정도를 차지했는데, 2021년 1분기에는 그 비율이 거의 25퍼센트에 달했다.

그러나 시장 상황은 더 위험해졌다. 변동성을 측정하는 한 가지 방법은 S&P 500 지수가 하루 사이에 어느 방향으로든 최소 1퍼센트 이상 움직이는 빈도를 평가하는 것이다. 2022년에는 전체 거래일의 87퍼센트 이상에서 이런 변동 빈도를 보였다. 과거에 이 정도 비율이 관찰된 경우는 2008년에 글로벌 금융위기가 최고조에 달했을 때뿐이었다. 또 다른 척도인 CBOE 변동성 지수(단기 변동성에 대한 시장의 기대치를 측정)는 2020년 2월부터 2023년 초까지 계속 상승 상태를 유지했다. 이는 변동성이 높아서 시장이 불규칙해 보인다는 것을 의미한다. 매일같이 발생하는 주가 변화에 일일이 대응하려다 보면 돈을 잃거나 방관하게 된다.

이러한 시장 변동에도 평정심을 유지한다면 투자에 성공할 수 있다.

두 번째 과제:
일관성을 가져라

올바른 투자 전략을 선택하는 것은 어렵다. 돈을 투자할 수 있는 옵션이 말 그대로 수십만 가지가 있기 때문이다. 주식 중개인 대부분은 세계 각지의 주식과 상품을 구매할 수 있는 기능을 제공한다. 이 글을 쓰는 현재, 전 세계에 투자 가능한 회사가 5만 9,000개가 넘는다. 그리고 ETF, 뮤추얼 펀드, 채권, 금·은·구리 같은 원자재, 암호화폐 등 다른 투자 수단도 셀 수 없이 많다. 게다가 경제계에서 발생하는 온갖 사건을 예측하는 '전문가'도 수천 명이나 있다. 소셜 미디어에는 10년 동안 달러의 완전한 붕괴를 경고해 온 사람들이 상주한다.

세계는 점점 더 빠르고 시끄럽고 혼란스러워지고 있으며, 우리는 이 상황에 압도당한다. 무엇이 중요하고 중요하지 않은지, 무엇이 사실이고 사실이 아닌지 구분할 수가 없다. 그리고 뭔가에 투자하려고 하면 여기저기서 보이는 차선책 때문에 주의가 산만해진다. 너무 많은 전략을 시도하는 바람에 일관성을 유지하기가 어렵다. 따라서 관련 없는 정보를 차단하고, 전략을 고수할 힘을 유지하며, 다른 기회를 따르고 싶은 충동을 억제해야만 성공적으로 투자할 수 있다.

세 번째 과제:
사전 손실을 감수해라

주식시장에서 돈을 잃는 건 흔한 일이다. 매우 능동적인 개인 투자자의 성공률을 조사한 연구에 따르면, 단기적으로 돈을 버는 사람은 1~3퍼센트에 불과하다. 전체 트레이더의 99퍼센트가 돈을 잃는다니 상상하기 어렵겠지만 나는 별로 놀랍지 않다. 내가 만나본 주식 거래 경험이 있는 사람들은 모두 돈을 잃었다.

단기 이익을 위해 주식을 거래하는 건 멋진 일처럼 보이지만(주식 거래 앱을 몇 번 클릭하는 것만으로 돈을 벌 수 있다니, 누군들 하고 싶지 않겠는가), 확률이 자신에게 불리하다는 사실을 알게 될 때쯤에는 이미 돈을 한참 잃어서 주식에 질려 있을 것이다.

전문가는 어떨까? 전문적인 자산 관리자 중 약 80퍼센트가 S&P

500 지수보다 낮은 성과를 올리고 있다. 많은 사람이 투자와 관련해 좋지 못한 경험을 하는 것도 이 때문이다. 당신도 투자했다가 돈을 잃었을 가능성이 있다. 나도 개인적인 경험을 통해 주식시장에서 화상을 입은 사람은 시장을 멀리하려고 한다는 걸 안다. 하지만 그러다 보면 자기가 공짜 돈을 놓치고 있다는 사실을 깨닫게 된다. 결국 주식 투자의 핵심은 돈을 시장에 투자한 뒤 부자가 될 때까지 기다리는 것이다.

투자의 핵심은
감정 관리다

나는 예전부터 투자는 지적 퍼즐이라고 생각했다. 투자란 올바른 공식만 알면 풀 수 있는 수학 방정식 같다는 생각이 들었다. 그런 생각을 하는 사람이 나뿐만은 아닌 듯하다. 2021년 한 해에만 비즈니스 및 금융 분야에서 8,000만 권 이상의 책이 판매되었다. 그 책들 중 상당수는 투자의 합리적인 측면을 다루면서 투자 방법론을 알려준다. 따라서 많은 이들이 투자를 잘하려면 실용적인 관점에서 투자하는 방법을 배우기만 하면 된다고 생각하게 되었다. 하지만 전문가들은 이론이나 지식만 안다고 투자를 잘할 수 있는 게 아니라는 걸 알고 있다. 투자는 감정 관리와 관련이 있다.

1930년대에 최초로 체계적인 투자 방법을 고안한 벤저민 그레이엄은 "자신의 감정을 통제하지 못하는 사람은 투자 과정에서 이익을 얻기에 적합하지 않다"라고 말했다. 이는 일반적인 믿음과 극명한 대조를 이룬다. 1998년에 개봉한 영화 〈파이〉는 수백만 명이 투자에 대해 가지고 있는 생각을 매우 훌륭하게 포착했다. 이 영화는 주식시장의 방향을 예측하기 위해 그 이면의 수치 패턴을 밝혀내려고 노력한 세계적인 수학자 맥스 코헨Max Cohen의 이야기를 따라간다. 그러나 아무리 노력해도 시장 예측 방법을 찾지 못해서 미칠 지경이 된 맥스는 결국 자신의 모든 작업물을 파기하고 포기한다. 그보다 덜 극적인 방식이기는 해도, 맥스가 시도한 일을 경험해 본 이들이 많다. 우리는 뉴스나 소셜 미디어의 조언을 듣고 투자를 시작했다가 돈을 잃고는 감정이 격해져서 투자는 월스트리트 전문가들의 전유물이라고 판단한다. 나도 2008년에 주식시장이 붕괴되고 미국에서 10조 달러의 부가 사라졌을 때 그런 기분을 느꼈다.

투자와 금융에 대한 지식이 늘어나면 손실을 피하는 데 도움이 될 것이라고 생각했다. 그래서 학위를 취득하면서 성공적인 투자자의 전략도 연구했다. 워런 버핏, 찰리 멍거, 피터 린치, 빌 애크먼, 제럴딘 와이스, 조엘 그린블라트 같은 가치 투자자에 대해 배웠다. 이들은 주로 투자하기에 괜찮은 회사를 고르는 데 중점을 둔 장기 전략을 가지고 있었다.

주식시장에 대한 지식의 폭을 넓히기 위해 제시 리버모어, 마틴

S. 슈워츠Martin S. Schwartz, 마틴 츠바이크Martin Zweig, 폴 튜더 존스 같은 트레이더도 연구했다. 금융계의 이쪽 분야는 투자와는 다르다. 트레이더는 가격 차이를 이용해 단기 이익을 창출하는 데 더 관심이 있다. 그들은 더 높은 가격에 팔기 위해서 자산을 매입한다. 그래서 자산 가치가 상승하기만 한다면 해당 자산의 내재 가치에는 별로 관심이 없다.

나는 주식을 처음 구입하고 10년이 지난 2017년이 되어서야 비로소 투자 성공의 진짜 열쇠가 뭔지 깨달았다. 관련 분야에 관해 공부하고 투자 원칙을 이해하려고 많은 노력을 기울인 뒤에도 시장에서 실제로 내 돈이 위험에 빠지는 게 너무 두려웠다. 몇 년에 한 번씩 몇몇 주식에 투자를 하긴 했지만 일관성 있는 투자 방법을 찾지 못했다. 〈파이〉의 맥스 코헨이 된 기분이었고 그냥 포기하고 싶었다. 많은 지식을 쌓았지만 그걸 증명할 만한 성과가 없었다. 호기심 때문에 철학에 눈을 돌렸다고 말하고 싶지만 사실 그건 부득이한 일이었다. 부를 추구하려는 노력이 성공적인 결과를 얻지 못하자 분별력을 지켜야 한다는 생각이 들었다. 어느 날 가장 유명한 스토아 철학자 중 한 명인 세네카의 글을 읽다가, 내가 왜 투자를 중단하고 다시는 하지 않게 되었는지 마침내 이해하게 되었다. 세네카는 이렇게 썼다.

모든 감정은 처음에는 약하지만, 갈수록 스스로 분발해서 힘을 얻는다. 이 감정을 몰아내는 것보다 처음부터 아예 느끼지 않는 게 더 쉽다. 모든 감정이 자연스럽게 시작된다는 사실을 누가 부인할 수 있겠는가? 자연은 우리가 스스로를 돌보도록 맡겼지만, 거기에 너무 깊이 빠져드는 것은 잘못이다.

나는 오랫동안 내 감정이 강해지도록 내버려뒀다. 하지만 결국 시장에서 돈을 잃을 것이라는 두려움이 너무 강해져서 꼼짝할 수 없게 되었다. 그리고 잘못된 치료법을 찾고 있었다. 지식이 늘어나면 돈을 버는 데 도움이 될 거라고 생각했지만, 세네카의 말처럼 내게 정말 필요한 건 나 자신을 돌보는 것이었다. 감정에 빠져드는 걸 멈춰야 했다. 모든 게 맞아떨어지기 시작했다. 오래된 주제에 완전히 다른 관점이 생긴 것 같은 기분이 들었다. 새로운 각도에서 문제를 바라보는 것 같았다. 수년간 참호 속에 갇혀 있었는데, 이제 헬리콥터를 타고 아래를 내려다보면서 전체적인 풍경을 조망하게 되었다. 그리고 다음과 같은 사실을 깨달았다.

첫째, 주식시장에서 부를 쌓으려면 감정을 다스려야 한다.
둘째, 스토아주의를 이용해서 감정을 다스릴 수 있다.
셋째, 내 투자 전략에 스토아 철학을 적용하면 주식시장에서 감정을 다스릴 수 있다.
넷째, 그러면 일관된 태도를 유지할 수 있으므로 시간이 지나면서 돈이 복리로 불어날 것이다.

유레카의 순간을 경험하고 나니 더 많은 걸 배우고 싶어졌다. 스토아주의를 이용해 좀 더 나은 투자자가 되는 방법에 대해서 글을 쓴 사람이 분명 있을 거라고 생각했다. 하지만 아무도 그런 글을 쓰지 않은 것 같아서 스토아주의 투자자로서의 내 여정을 기록하기 시작했다.

2015년 7월부터 다리우스포루닷컴dariusforoux.com을 통해 철학, 직업, 개인 금융, 비즈니스에 관한 뉴스레터와 기사를 발행하기 시작했다. 500개가 넘는 기사를 발행했고, 《포춘》에서 뽑은 500대 기업의 경영진부터 프로 운동선수에 이르기까지 3,000만 명이 넘는 사람들이 내 글을 읽었다. 《포브스》《엔트레프레너》《비즈니스 인사이더》《이코노미스트》 같은 간행물에도 내 글이 소개되었다. 2020년에는 출판 플랫폼 미디엄Medium에서 내게 스토아주의에 관한 주간 칼럼 작성을 의뢰했고, 여기에서도 27만 5,000명 이상의 팔로워를 모았다.

나는 오랫동안 스토아주의와 투자에 관해 따로 연구하면서 글을 쓰다가 2021년 2월부터는 두 가지 주제를 결합한 글을 써서 발표하기 시작했다. 그리고 몇 년간 비밀리에 스토아주의 투자 전략을 시험해 봤다. 스토아 원칙에 따라 투자하기 시작하자 금세 정신력이 강해지고 주식 포트폴리오의 수익률도 올라가는 것을 확인했다.

그러다가 2020년 3월에 큰 시련이 닥쳤다. 한 달 만에 S&P 500 지수가 34퍼센트 하락한 것이다. 예전의 나였다면 겁에 질려 저점에서 팔았을 것이다. 하지만 스토아주의에 물든 나는 침착하게 투자를 계속했다. 덕분에 이 전략이 효과가 있음을 확신했고, 이제 내가 배운 것을 공유할 때라는 생각이 들었다. 그때부터 '부를 향한 스토아주의자의 길'에 대해 기사를 쓰기 시작했다. 이에 대한 아이디어를 간략하게 소개하자 그 즉시 더 많은 정보를 원하는 독자들의 이메일과 메시지가 답지했다. 나는 우리가 찾고 있던 책을 써야 한다는 사실을 깨달았다.

고대 철학을 적용해 부를 쌓아라

　스토아학파는 기원전 3세기에 아테네에서 키티온의 제논이 창시한 철학 학파다. 제논은 오늘날 키프로스로 알려진 섬에 있던 페니키아 도시 키티온의 부유한 상인 가문에서 태어났고, 아버지 뒤를 이어 상인이 되었다. 물건을 팔기 위해 평소처럼 항해에 나섰던 그는 아테네 해안에서 난파해 화물을 모두 잃었다. 제논은 그날 막대한 재산을 잃었다.

　아테네로 가야겠다고 결심한 제논은 그곳에서 소크라테스와 그의 삶을 설명한 책을 발견했다. 제논은 책을 판매한 사람에게 "이런 사람을 어디에서 찾을 수 있습니까?"라고 물었다. 그 순간, 공교롭게도 크레이트라는 아테네 철학자가 가게 앞을 지나가고 있었다.

서적상이 그 남자를 가리키면서 "저 사람이 바로 당신이 찾는 사람이오"라고 말했다. 그렇게 해서 스토아 철학이 탄생했다. 큰 손실을 겪은 제논은 서점에서 답을 찾으려고 노력하다가 철학을 떠올렸고, 그 즉시 더 많은 걸 배우고 싶어졌다. 이것이 우리가 철학을 발견하는 방식 아닐까? 자신의 고통을 해결하고 내면의 평화를 찾으려고 노력하는 것. 그게 전부다.

스토아 철학은 교사로부터 다른 교사에게 퍼져 나가며 그리스와 로마 전역에서 서서히 인기를 얻었다. 이는 만연한 정치 불안, 갈등, 내전을 헤쳐 나가는 데 도움이 되는 유용한 철학이었다. 우리가 사는 현 세계는 고대 로마와 매우 다르지만 스토아 철학의 교훈은 여전히 유효하다. 그 단순성과 유용성 덕분에 제논 이후 수십 세기 동안 살아남은 것이다.

스토아 철학의 기본 원칙은 자기가 통제할 수 있는 것과 없는 것이 무엇인지 알아야 한다는 것이다. 사실 우리가 통제할 수 있는 것은 자신의 행동과 신념, 판단뿐이다. 다른 사람의 의견, 경제, 노화, 사고, 심지어 우리가 내린 결정의 결과 같은 외적인 부분도 통제할 수 없다. 그런데도 우리는 자신이 통제할 수 없는 것에 집착하고 그것을 걱정한다. 정신적으로나 재정적으로 어려움을 겪는 이들이 많은 것도 바로 이 때문이다.

자신이 통제할 수 있는 것에만 에너지를 집중하고 통제하지 못하는 것은 신경 쓰지 않으면 내면이 평온해진다. 스토아주의자는 불안정한 상황에서 항상 우위를 차지한다. 다른 사람이 사소한 좌절 앞에서 화를 내거나 감정에 굴복할 때, 스토아주의자는 항상 침착한 태도를 유지하면서 팩트를 주시한다. 스토아주의는 우리에게 일어난 일을 통제하는 게 아니라 그 일에 대응하는 방식을 통제한다. 우리의 목표는 통제할 수 없는 일을 걱정하지 않고 지금 이 순간을 성실히 살아가는 것이다.

가장 유명한
네 명의 스토아 철학자

나는 앞으로 스토아학파의 사상을 재정적인 관점에서 소개할 텐데, 스토아 철학을 잘 아는 사람도 이제 막 입문한 사람도 손쉽게 이해할 수 있을 것이다. 또한 이 책 곳곳에서 저명한 스토아 철학자들의 명언을 인용할 텐데, 그들이 어떤 사람인지 잘 이해할 수 있도록 간략하게 소개하겠다.

루키우스 안나이우스 세네카는 기원전 4년경에 태어난 로마의 정치가이자 철학자다. 그는 부유한 집안에서 태어나 정계에서 성공적인 경력을 쌓았다. 50대에 철학 작품을 쓰기 위해 공직 생활에서 물러났다. 나중에 네로 황제에 대한 음모에 연루되어 서기 65년에 강제로 자살했다.

스토아 학파 소개

이름	생존 연대	강조한 사실
루키우스 안나이우스 세네카	(기원전 4년경~서기 65년)	자신의 부에 집착하지 않아야 진정한 자유를 얻을 수 있다.
가이우스 무소니우스 루푸스	(서기 30년경~101년경)	인격을 키우려면 단순하고 검소한 생활이 중요하다.
에픽테토스	(서기 55년~135년경)	본인이 통제할 수 없는 일은 과감하게 받아들이고 자신을 개선하는 데 집중하자.
마르쿠스 아우렐리우스	(서기 121~180년)	다른 사람을 대할 때 공정하고 정직한 태도가 중요하다.

가이우스 무소니우스 루푸스는 서기 30년경에 부유한 집안에서 태어났다. 그는 아버지처럼 정계에 진출하는 대신 철학을 가르치는 데 평생을 바쳤다. 루푸스는 철학적 실천과 자기 계발을 위한 검소한 생활 방식을 중요하게 여겼다. 초기 스토아학파에 영감을 받았으며, 그가 철학을 가르친 학교는 높은 평가를 받았다.

에픽테토스는 서기 55년경 그리스에서 노예 신분의 어머니에게서 태어났다. 노예 생활에서 해방되기 전에 철학자 무소니우스의 수업을 들었고, 나중에 로마에서 스토아 철학을 가르쳤다. 훗날 그리스 니코폴리스에 자신의 학교를 설립했다. 그는 외부 요인에 휘둘리지 말고 우리에게 일어나는 모든 것을 받아들이는 게 중요하다고 강조했다. 그의 제자인 아리아노스는 에픽테토스의 가르침을 기록한 《담론Discourses》과 《편람Enchiridion》을 펴냈다.

마르쿠스 아우렐리우스는 서기 121년에 태어나 열아홉 살에 로마의 공동 황제가 되었다. 그는 영토를 확장해서 게르마니아와 라이티아까지 로마 통치 지역에 포함시켰다. 그가 다스린 영토에는 현대의 독일, 오스트리아, 스위스뿐만 아니라 네덜란드, 벨기에, 프랑스 일부도 포함되는데, 이는 결국 그가 유럽 대륙 전체를 통치했다는 뜻이다. 아우렐리우스는 에픽테토스에게 스토아 철학을 배웠고, 자신의 유일한 저서 《명상록》에서 그의 가르침을 인용했다. 이 책은 마르쿠스 아우렐리우스가 황제로서 스트레스가 가장 심했던 시기에 쓴 것으로 개인적 성찰과 철학적 통찰로 구성되어 있다. 스토아 철학에 대한 형식적인 담론이 아니라 자신과 주변 세계, 그리고 도덕적인 삶을 살아가는 방법을 이해하려고 노력하는 한 남자의 생각을 들여다볼 수 있는 책이다.

스토아 철학이 알려주는
성공하는 투자 법칙

스토아주의는 기본적으로 생존 전략이다. 스토아주의는 단순한 신념의 집합체가 아니라 우리의 분별력을 보호하는 방법이다. 돈을 보호할 때도 스토아주의를 활용할 수 있다. 사람들은 스토아 철학자들이 돈을 싫어했다고 가정하는데, 결국 돈을 벌거나 잃는 것은 우리가 완전히 통제할 수 없는 일이다. 전통적인 스토아 철학에 따르면, 우리가 통제할 수 있는 것은 자신의 행동과 판단뿐이다.

그 논리에 따르면, 돈은 우리의 통제 범위에 속하지 않기 때문에 나쁘다고 말할 수 있다. 그러나 가장 엄격한 스토아 철학자 중 한 명인 에픽테토스는 돈에 대해서 이렇게 말했다. "품위를 유지하면서 정직하고 신뢰할 수 있는 방법으로 돈을 벌 수 있다면, 반드시 그렇게 해야 한다. 하지만 자신의 진실성을 손상시키면서까지 돈을 벌 필요는 없다." 나는 돈을 벌겠다는 야망을 가진 사람을 비판하지 않는 이런 사고방식을 좋아한다.

부자가 되고 싶은가? 그 목표를 추구하자. 만약 부자가 되지 못한다면? 그래도 상관없다. 그냥 옳은 일을 하는 데 집중하면서 결과는 잊어버리자.

선한 행동은 좋은 삶, 기여하는 삶, 사랑이 넘치는 관계, 마음의 평화로 이어진다. 스토아주의자들은 투자자였다. 그들은 평화로운 삶을 살아갈 가능성을 높이기 위해 즉각적인 만족과 나쁜 습관을 포기했다. 그게 바로 핵심이다. 재정적으로 성공하려면 자신에게 투자해야 한다. 오늘 자신이 가진 돈 일부를 투자하면 그것이 복리로 불어나 미래에 더 많은 돈을 갖게 된다.

변동성, 일관성, 사전 손실과 관련된 문제는 냉철함을 유지하지 못한 탓에 생기는 것이다. 돈을 복리로 불리고 싶지 않은 사람이 어디 있겠는가. 문제는 우리가 감정이 결정을 내리도록 내버려둔다는 것이다. 그러면 투자를 중단하거나 자신에게 최선의 이익을 안겨주지 못하는 재정적 결정을 내리게 된다.

스토아주의의 가르침에 따라 투자 결정을 내리면 감정을 다스리면서 부까지 거머쥘 수 있다. 주식시장에서 오래 지속되는 부의 씨앗을 뿌릴 수 있는 위치에 서게 될 것이다.

스토아 철학으로
투자 우위를 구축하는 3단계

　시장에서 성공을 거둔 투자자들은 모두 어떤 이점, 즉 우위를 가지고 있다. 우위를 점한다는 것은 정보, 기술, 전략 등 전 세계 다른 투자자들보다 유리한 입장에 자리할 수 있는 무언가를 가지고 있다는 뜻이다. 이 책에서 성과가 입증된 견고한 우위를 제안하기 전에, 성공한 투자자들이 가지고 있는 일반적인 이점 네 가지를 간단히 살펴보겠다.

1. **정보 우위:** 회사와 업계를 철저히 조사하면 해당 회사의 시장 내 경쟁적 위치를 잘 이해할 수 있다. 특정 회사에 대한 정보를 더 많이 알아낼수록 더 나은 투자 결정을 내릴 수 있다. 다른 사

람의 투자 분석에만 의존할 필요도 없다. 아이스크림 회사에 투자하려고 생각 중이라면 그 회사 제품에 대한 자체 설문조사와 검토 및 연구를 할 수 있다. 정보 우위를 확보하는 건 생각보다 어렵다. 공개적으로 이용 가능한 정보에서 새로운 결론을 도출해야 하는데, 이를 위해서는 장시간 분석하고 투자 이론에 대해 포괄적으로 이해하는 것이 필요하다. 긍정적인 점은 정보를 자유롭게 이용할 수 있다는 점인데, 이론상 이를 통해 정보 우위에 설 수 있다.

2. **퀀트 우위:** 1960년대 후반, 전직 수학 교수인 에드워드 소프는 남들과 다른 헤지펀드를 시작했다. 소프는 정량적 분석을 사용해서 이 펀드를 운영하는 동안 거의 해마다 시장 실적을 웃도는 수익률을 올렸다. 이러한 전략을 사용하는 펀드를 현재 '퀀트$_{quant}$'라고 하며 복잡한 수학을 사용해서 거래 시스템을 만든다. 퀀트 펀드는 수학을 이용해 시장에서 우위를 점한다는 목표를 달성하기 위해 모든 분야의 박사 학위 소지자들을 채용한다. 퀀트 우위를 차지하려면 어마어마한 수학적 기술이 필요하기 때문에 달성하기 가장 어려운 우위다.

3. **규모 우위:** 워런 버핏은 역사상 가장 성공한 투자자로 알려져 있다. 하지만 업계 내부자들이나 그의 인생을 연구한 사람들이 볼 때 버핏은 고객 보험료로 투자한 보험사 사원이라고 할 수 있다. 버핏은 과거 섬유 회사였고 지금은 지주사 역할도 하는

버크셔 해서웨이라는 투자 회사를 통해 부를 쌓았다. 그의 보유 자산 중에는 가이코, 젠 리, 메드프로 그룹을 비롯해 11개 이상의 보험 회사가 있다. 버핏과 버크셔는 사람들이 납입한 보험료를 가지고 매우 현명한 결정을 내렸다. 그들은 많은 추가 자본에 접근할 수 있었기 때문에 마음대로 이용 가능한 현금으로 수많은 회사를 사들였다. 이는 규모가 큰 금융 사업자일 때만 가능한 일이다. 규모 우위 개념은 매우 간단하지만 막대한 양의 현금을 확보할 수 있는 사람이 거의 없기 때문에 이런 우위는 얻기가 힘들다.

4. **스토아주의적 우위:** 개인 투자는 인간이 수행한다. 투자 전략을 세울 때는 AI나 로보 어드바이저를 활용하더라도 최종 결정은 인간이 내린다. 그런데 감정 때문에 의사결정에 결함이 발생하는 경우가 종종 있다. 감정을 잘 관리해서 실수를 저지르지 않는 투자자는 그런 능력이 없는 투자자보다 유리하다. 나는 이를 스토아주의적 우위라고 부르는데, 내가 연구한 성공한 투자자들은 모두 그런 우위를 가지고 있었다. 실수를 너무 많이 저질러서 손해를 보면 부를 유지할 수 없다. 정보 우위, 퀀트 우위, 규모 우위와 다르게 스토아주의적 우위는 모든 투자자가 가질 수 있고 달성하기도 쉽다.

이 네 가지 이점은 상호 배타적이지 않다. 버핏 같은 투자자는 여

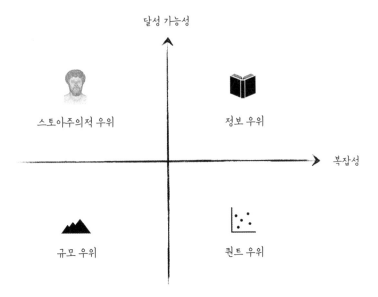

달성 가능성

스토아주의적 우위

정보 우위

복잡성

규모 우위

퀀트 우위

스토아주의적 우위는 달성 가능성이 높고 별로 복잡하지도 않아서 모든 투자자에게 이상적인 우위다.

러 가지 우위를 가지고 있다. 그는 하루 평균 다섯 시간씩 신문이나 관심 기업의 연례 보고서 등 다양한 자료를 읽기 때문에 정보 우위를 가지고 있다. 이를 통해 그는 대부분의 사람들이 간과하는 기업을 검토한다. 그는 현금만 1,000억 달러 이상을 보유한 세계 최대의 투자자다. 하지만 그에게 규모 우위나 정보 우위만 있는 것은 아니다. 그는 투자계에서 가장 존경할 만한 스토아주의적 우위도 갖고 있다. 버핏의 투자 전략과 행동을 분석한 책이 수십 권 출간되었는데, 모두 그가 성공한 이유를 살펴보고 우리가 따라할 수 있도록 쓰였다. 그러나 이런 책들은 버핏이 갖고 있는 우위를 일반 투자자가 모두 갖추기는 어렵다는 사실을 간과한다. 시장에서는 세 가지는 고사하고 한 가지 우위도 갖기 어렵다. 따라서 성공한 투자자에 관한 글을 아무리 읽어도 지금껏 얘기한 우위가 없으면 부자가 될 수 없다.

스토아주의적 우위를 만드는 3단계

스토아 철학의 장점은 자신이 통제할 수 없는 것에는 무관심하다는 것이다. 우리는 일상적인 상황에서 자신이 통제할 수 없는 일에 반응하느라 감정 에너지를 많이 낭비한다. 교통 체증 때문에 화를 내는 것도 에너지 낭비다. 주식시장이 폭락할 때 포트폴리오를 살펴보는 것도 무의미한 일이다. 중요한 것은 무슨 일이 일어나는가가 아니라 우리가 거기에 대응하는 방식이다.

나의 제안은 이렇다. 주식시장에서 장기적인 부를 쌓으려면 무슨 일이 생겨도 평생 투자해야 한다는 것. 두려움이나 탐욕 같은 감정에 흔들리지 않고 일관성 있게 계속 투자하려면, 모든 투자자가 이용할 수 있는 유일한 우위, 즉 스토아주의적 우위를 개발해야 한다. 그런 우위를 갖추고 있으면 투자 전략을 고수할 수 있는 정신적 강인함이 생기고, 시간이 지나면서 더 부유해질 것이다.

현재 어떤 투자 전략을 따르고 있더라도 스토아주의적 우위를 받아들이면 수익을 얻을 수 있다. 당신이 가치 투자자나 성장 투자자라면, 스토아주의적 우위는 계속 버텨야 하는 기간에 섣불리 주식을 매도하지 않도록 도와준다. 모멘텀 트레이더라면 거래할 때 느끼는 약간의 망설임이나 갈등을 없애는 데 도움이 될 것이다.

투자 전략이 없다면 어떻게 해야 할까? 그런 사람은 당신뿐만이 아니다. 한 조사에 따르면 주식 투자를 하려는 미국인의 절반은 어디서부터 시작해야 하는지 모르는 것으로 나타났다. 역사상 가장 현명한 투자자들의 연구와 경험에 근거해서 반복적으로 추천하는 전략이 하나 있다. 좋은 수익률을 제공할 뿐만 아니라 1920년대 이후 검증된 실적을 갖고 있는 전략, 즉 S&P 500 지수를 따라가는 상장지수펀드ETF에 수동적으로 투자하는 것이다.

ETF를 이용하면 주식이나 다른 증권을 개별적으로 매입하지 않아도 바스켓을 접할 수 있다. ETF는 블랙록, 뱅가드, 피델리티 같은 투자사에서 발행하며, 이 기업들이 해당 바스켓에 있는 주식을 매입한다. ETF는 공공 거래소에서 거래되며 주식 중개인을 통해 구입할 수 있다. 예를 들어, 매우 인기 높은 뱅가드 S&P 500 ETF는 모든 주식 거래 앱에서 티커 기호(거래소에서 자산을 식별할 수 있는 고유 기호) VOO로 찾을 수 있다.

S&P 500 ETF에 투자하면 미국 내 11개 부문(의료, 기술, 부동산,

부를 향한 스토아주의자의 길

자신에게 투자하기

손실 감수

복리로 증가하는 돈

지속적인 부를 쌓는 것은 자기 기술에 투자해 돈을 버는 것에서 시작된다. 투자한 돈에 연연하지 말고 잠재적인 손실을 받아들여야 돈이 복리로 불어난다.

금융 등)의 500대 기업에 즉시 투자할 수 있다. 왜 미국일까? 당신이 지금 다른 어딘가에서 행복하게 살고 있다 해도 돈은 세계 최고 경제 대국에 투자하고 싶을 것이다. 이것이 내가 개인적으로 S&P 500에 투자하는 이유이자 가족들에게도 이 전략을 추천하는 이유다. 이 전략의 장점은 실행하는 데 시간이 거의 걸리지 않고 검증된 실적이 있다는 것이다. S&P 500의 연평균 수익률(1980년 이후)은 11.44퍼센트인데, 이는 대략 6년마다 돈이 두 배로 늘어난다는 뜻이다. S&P 500에 투자하는 데 시간이 거의 걸리지 않는다는 사실을 고려하면 결코 나쁜 거래가 아니다. 하지만 이 전략을 평생 고수하려면 스토아주의적 우위가 필요하다.

나는 이 책에서 스토아 철학의 가장 중요한 교훈을 추출해 부를 쌓는 일에 적용한 다음, 이를 쉽게 기억할 수 있도록 간단히 세 단계로 요약했다. 이 방법을 따르면 주식시장에서 돈을 버는 데 도움이 되는 스토아주의적 우위를 얻게 된다.

그 세 단계는 다음과 같다. ① 자신에게 투자하고, ② 손실을 받아들이고, ③ 시간이 지나면서 돈이 복리로 늘어나도록 하는 것이다. 나는 이 세 단계가 투자자로서 스토아주의적 우위를 구축하기 위한 첫 번째 틀이라고 생각한다. 각 단계는 투자와 스토아주의의 가장 중요한 측면, 즉 감정 관리와 연결된다. 이 방법으로 하룻밤 새에 백만장자가 되지는 못할 것이다. 그렇지만 지속적인 부를 쌓는 데는 도움이 된다.

현명한 철학자와 투자자가 건네는
투자 아이디어

투자 철학은 투자한 돈 대비 최고의 수익을 얻도록 도와주는 반면, 스토아 철학은 투자한 시간 대비 최고의 수익을 얻도록 도와준다. 이 책은 이 두 가지를 모두 이루게 도와준다. 다시 말해 당신의 시간과 정신 건강을 지키면서 주식 투자를 통해 부를 쌓게 해준다는 뜻이다. 고대 철학에 담긴 지혜와 현대의 성공한 투자자들이 전하는 실용적 조언이 결합된 내용을 만나볼 수 있다. 나는 이 책에서 현명한 철학자와 투자자들이 알아낸 가장 유용한 아이디어를 종합

해서 알려줄 생각이다.

각 장 앞부분에는 투자자의 프로필이 나온다. 부를 축적하는 방법에 관한 책에 워런 버핏, 피터 린치, 존 보글, 스탠리 드러켄밀러 같은 뛰어난 투자자의 이야기가 포함되지 않는다면 금융 역사의 중요한 부분이 빠지게 될 것이다. 이런 투자자들에 대해 이미 알고 있다 하더라도 이 책에서는 스토아 철학의 관점에서 그들의 삶에 대한 새로운 통찰을 얻게 될 것이다.

이런 유명한 투자자 외에도 제럴딘 와이스, 캐시 우드, 제시 리버모어, 에드워드 소프, 모니시 파브라이처럼 놀라운 성공을 거뒀지만 비교적 덜 알려진 이들의 이야기도 들려줄 생각이다. 와이스는 월스트리트에서 최초로 성공을 거둔 여성 투자자로 오늘날 월스트리트에서 활약하는 여성들을 위한 길을 닦았다. 우드는 혁신 기업과 단기적인 재정 손실을 바라보는 방식을 바꾸었다. 리버모어는 주식 매매로 눈부신 경력을 쌓은 최초의 유명한 월스트리트 트레이더였으며, 젊은 트레이더들은 오늘날에도 그가 100여 년 전에 한 조언을 금과옥조처럼 받든다. 소프는 투자에 수학을 처음으로 도입한 사람이다. 파브라이는 쓸데없는 데 시간을 허비하지 않고 확실한 투자 조언을 실행에 옮겨 부를 쌓은 미국 이민자 중 가장 인상적인 사례다.

나는 이 투자자들의 삶에서 교훈을 뽑아내 이를 스토아 철학의 관점에서 정리했다. 각 장은 다음과 같은 구조로 이루어져 있다.

먼저 투자자의 인생과 경력에서 결정적인 시기를 살펴보고, 부를 쌓는 여정에서 이 교훈을 스토아주의적인 방식으로 적용하는 방법을 알려줄 것이다. 각 장에는 '스토아 철학 속 투자 지혜'라는 미니 섹션도 포함되어 있는데, 이는 감정 조절 능력을 단련하기 위한 스토아주의적 사고 훈련이다.

책 마지막 부분에는 '투자 전략 되새기기'라는 섹션이 있다. 여기에서는 '어떻게 투자해야 할까?'라는 질문에 대한 답변을 제공한다. 개별 주식이나 거래 옵션, 선물, 암호화폐 등에 투자하고 싶다면 다른 장기 투자 전략과 함께 사용할 수 있는 거래 방법도 알려줄 것이다. 나는 S&P 500 지수에 투자하는 장기 투자자지만 개별 주식과 선물도 거래한다. 하지만 언제나 거래 상품을 신중하게 고르고 손실을 제한하며, 무엇보다도 트레이딩을 통해 이익을 얻으려고 애쓴다.

부를 쌓는 데 있어서는 얼마나 많이 아느냐가 아니라 감정을 얼마나 잘 관리하느냐가 더 중요하다. 감정을 잘 관리할수록 일관성이 향상된다. 일관성이 높을수록 투자 전략을 잘 실행할 수 있고, 이를 통해 부자가 될 수 있다. 투자할 때 가장 중요한 게 바로 이런 정신적인 측면이다. 이 책을 다 읽을 때쯤이면 당신도 스토아주의적 우위를 갖추게 될 것이다.

스토아 철학 속 투자 지혜

그건 우리 영혼을 사로잡지 못한다.

그들은 밖에서 꼼짝도 않고 서 있다.

혼란은 우리 인식 안에서만 발생한다.

― 마르쿠스 아우렐리우스

스토아 철학은 우리가 행동은 통제할 수 있지만 행동의 결과는 통제하지 못한다고 말한다. 늘 몸에 좋은 음식을 먹고 운동을 열심히 하던 사람도 심장병으로 사망할 수 있다.

그렇다면 투자와 관련해 우리는 무엇을 통제할 수 있을까? 투자 전략과 그것의 실행 여부다. 투자에 대해 이야기할 때 자신의 행동을 살펴보는 습관을 들이자. 무엇을 할 예정인가? 그 일을 어떻게 할 것인가?

결과에 대해서는 생각하지 말아야 한다. 투자를 통해 얼마나 벌 수 있는가? 언제 현금화할 수 있는가? 이런 결과는 우리가 통제할 수 없다. 따라서 여기에 집중하는 건 에너지 낭비다.

부의
핵심 1

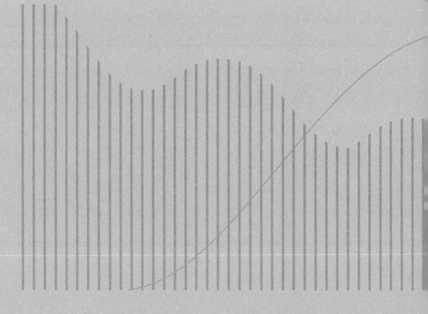

_____ **나에게 투자해라**

아무리 어려워도 불가능하다고 생각하지는 말자.
인간이 할 수 있는 일이라면 당신도 할 수 있다.
― 마르쿠스 아우렐리우스

돈으로 환산할 수 없는 기술을 가져라

자산을 모으기 위한 첫 번째 단계는 시장에 투자하는 게 아니라 자기 자신에게 투자하는 것이다. 사실 재정적 성공과 안정을 이루려면 기술 개발이 필수적이다. 확실한 기술이 있으면 경제적 가치를 높이는 데 도움이 되며, 이를 통해 본인 경력에 어떤 역경이 생겨도 버텨낼 힘을 얻을 수 있다. 습득한 기술은 시장 변동에 관계없이 안정적인 수익 창출 수단이 된다. 돈은 잃을 수도 있지만 한번 익힌 기술은 계속 내 것인 채로 남아 있으므로 이를 소득 창출에 활용할 수 있다.

제시 리버모어,
기술적 분석으로 거물 투자자가 되다

월스트리트에서는 무일푼으로 시작해 거부가 된 사람을 찾아보기 힘들다. 그곳에서 일하는 전문 트레이더와 투자 은행가들은 대부분 특권층 출신이고, 아이비리그 학위를 갖고 있으며, 학문적 성취도 매우 뛰어나다. 그러나 월스트리트에서 가장 먼저 성공을 거둔 인물 중 한 명인 제시 리버모어는 고등학교도 마치지 못했지만 오늘날 역대 최고의 주식 투자자로 꼽힌다.

1877년에 태어난 리버모어는 매사추세츠주 액턴에 있는 농장에서 자랐다. 그가 열네 살이 되자 아버지는 억지로 학교를 그만두게 한 뒤 가족 농장에서 일하라고 했다. 하지만 독서와 수학을 좋아했던 젊은 리버모어는 아버지의 뒤를 잇고 싶지 않았다. 어릴 때부터 항상 신문의 금융란을 읽었던 리버모어는 주식 트레이더가 되려는 꿈을 품고 있었다.

그는 어머니의 도움을 받아 보스턴으로 도피했다. 1891년 보스턴에 도착한 그는 곧장 주식 중개 회사인 페인 웨버Paine Webber를 찾아갔다. 그리고 지점장을 만나 무슨 일이든 하고 싶다고 했다. 그는 운이 좋았다. 회사에서 마침 '보드 보이'를 구하고 있었기 때문이다. 리버모어는 바로 그 일자리를 제안받았다. 그 후 2년 빈 동안 리버모어는 페인 웨버에서 보드 보이로 일했다. 그가 맡은 일은 주가를 칠판에 적는 것이었는데, 당시 투자자들은 그런 방법으로 최신 주가를 확인했다.

최고의 주식 중개소만큼 주식 거래 방법을 배우기에 좋은 곳은 없었고, 리버모어는 스펀지처럼 모든 지식을 빨아들였다. 그는 이곳에서 경험이 풍부한 중개인, 부유한 고객을 만날 수 있었으며 최신 주가를 접할 수 있었다. 쉬는 시간이나 점심시간에 숙련된 중개인들이 늘어놓는 트레이딩 이론이 그의 마음을 사로잡았다.

리버모어는 퇴근 후에도 시장을 익히는 데 힘썼다. 주가 움직임을 일기에 기록하면서 동향을 파악하기 시작했다. 주식 움직임을 기억하고, 가격 변동 추세를 기준으로 그 주식이 다음에 어떻게 될지 예측했다.

놀랍게도 리버모어는 자신의 예측이 70퍼센트나 적중했다는 걸 알았고, 덕분에 주식 트레이더로 일해도 되겠다는 자신감을 얻었다. 가격 변동 추세를 따라가는 그의 전략은 오늘날 '기술적 분석'이라고 하는 투자 방법의 토대를 마련했다. 이는 거래 데이터의 과거 패턴을 분석해 미래의 주가를 예측하는 방식이다.

리버모어는 주식을 매매할 돈을 200달러쯤 모았다. 그러나 당시 투자자들은 거래 비용 외에도 중개인한테 막대한 수수료를 지불해야 했다. 부유한 고객일수록 중개인에게 더 많은 수수료를 지불했기에 중개인들은 리버모어 같은 소규모 투자자에게는 관심이 없었다. 19세기인 당시 200달러는 겨우 열여섯 살짜리 아이에게는 큰 돈이었지만 그 정도 돈으로는 증권 계좌를 개설할 수 없었다.

그러나 어떻게든 주식시장에 뛰어들겠다고 결심한 리버모어는 차선책으로 무허가 중개소를 택했다. 무허가 중개소에서 주식 거래를 하는 건 경마에 돈을 거는 것과 비슷했다. 이곳에서 최신 주가를 알려주면 사람들은 어떤 주식이 오르거나 내릴지에 돈을 걸었다. 그 돈은 실제 주식을 사는 데 쓰이는 게 아니었다.

그곳은 리버모어가 자기 기술을 활용할 수 있는 유일한 장소였다. 그의 전략은 즉시 성공해서 매주 50달러 이상을 벌었다. 리버모어는 계속 돈을 땄고, 덕분에 열일곱 살에 페인 웨버를 그만두고 주식 거래에 전념해도 되겠다는 자신감이 생겼다.

하지만 무허가 중개소는 카지노와 마찬가지로 고객들 대부분이 손해를 볼 때만 돈을 벌 수 있었다. 그러다 보니 다른 고객들과 다르게 계속 돈을 따는 리버모어가 무허가 중개소 운영자들에게는 눈엣가시였다. 그가 한 중개소에서 계속 돈을 걸어 총 1만 달러의 이익을 얻자 결국 그의 운도 바닥이 났다. 마피아와 연관된 가족이 운영하던 그 중개소는 리버모어에게 진절머리를 내면서 그의 출입을 금지시켰다. 이때쯤 보스턴에 있는 다른 무허가 중개소 운영자들도 리버모어의 소문을 듣고는 그가 자기네 업장에 발을 들여놓는 것을 꺼렸다.

어떻게든 주식 거래를 계속하겠다고 결심한 리버모어는 보스턴을 떠나 뉴욕으로 거처를 옮기기로 했다. 1900년 9월, 돈이 가득

든 가방과 성공에 대한 자신감을 안고 뉴욕에 도착한 그는 뉴욕의 무허가 중개소들이 폐쇄되고 있다는 사실을 알게 되었다. 무허가 중개소가 높은 인기를 끌자 거래 비용과 수수료로 운영되는 월스트리트의 사업에 위협이 된 것이다. 무허가 중개소의 거래 규모와 액수는 한때 뉴욕 증권거래소를 넘어섰는데, 이는 합법적인 기업들이 이익을 얻을 기회를 놓치고 있다는 뜻이었다. 돈세탁에도 이런 무허가 중개소가 이용되었기 때문에 당국에서는 이들을 표적 삼아 중개소를 폐쇄하기 시작했다.

무허가 중개소가 쇠락해도 리버모어 입장에서는 달라질 게 아무것도 없었다. 무허가 중개소에서 거래할 때 사용했던 시스템이 정식 중개소에서도 효과를 발휘할 것이라고 생각했기 때문이다. 이제 스물세 살이 된 리버모어에게는 6년간의 트레이딩 경험과 증권 계좌를 개설하기에 충분한 돈이 있었다.

리버모어가 뉴욕에서 거래를 시작할 무렵에 새로운 강세장이 막 시작되었다. 강세장에서는 많은 투자자의 흥분에 힘입어 가격이 빠르게 상승한다. 리버모어는 몇 주 동안 거래를 하면서 매번 수천 달러씩 벌어들였다. 그가 가장 기억에 남는다고 했던 초반 거래 중에는 투자금 1만 달러가 일주일도 안 돼서 5만 달러가 된 경우도 있었다. 그건 리버모어가 처음으로 맛본 강세장이었고, 그는 이후 유럽으로 건너가 제대로 된 첫 휴가를 보내면서 부의 맛을 즐겼다.

하지만 리버모어는 언제나 회의적인 사람이었다. 매사추세츠의

척박한 땅에 있는 농장에서 자라면서 힘든 어린 시절을 보낸 그는 계절이 변하듯이 강세장에도 종말이 찾아온다는 사실을 알고 있었다.

1907년에 리버모어는 다른 대형 공기업 주식과 함께 유니언 퍼시픽Union Pacific과 리딩 레일로드Reading Railroad 주식을 공매도하기 시작했다. 주식 공매도란 '역베팅', 즉 나중에 더 싼 가격으로 다시 매입해서 차액을 챙길 수 있으리라는 희망을 품고 자기가 보유하지 않은 주식을 빌려서 파는 것을 말한다.

리버모어가 주식을 공매도한 직후, 느슨한 통화 정책으로 인한 과도한 주식 투기 때문에 공황이 발생했다(1907년 금융공황). 미국을 뒤흔든 심각한 금융위기였다. 1907년 10월 중순에는 뉴욕 증시가 전년도 최고점에서 거의 50퍼센트 가까이 폭락했다.

리버모어는 공황 때 100만 달러를 벌었다. 그러나 이런 성공은 오래가지 못했다. 그로부터 1년도 채 되지 않아 그는 면화 가격 변동에 돈을 걸면서 전 재산을 잃었다. 그가 예상했던 것과 정반대 일이 일어났던 것이다. 그는 단 한 번의 거래로 전 재산을 잃었고, 그해에 파산을 선언했다. 리버모어는 많은 성공을 안겨준 전략으로 가득 찬 일기장을 다시 펼쳐보면서 자신의 실수를 반성했다. 파산 후 그는 돌파구를 찾았다. 그는 "월스트리트를 이길 필요는 없다. 나 자신과 내 감정을 이겨내야 한다"라고 말했다.

리버모어는 자기가 투자자로서 발전했다고 느꼈지만 시장에서 돈을 잃은 건 그때가 마지막이 아니었다. 그는 1915년에 또다시 파산했다. 하지만 아무리 손해를 봐도 그는 언제나 주식으로 돈을 벌 수 있는 자신의 능력을 믿었다. 리버모어는 월스트리트에서 활동하는 동안 여러 은행과 증권사에 자신의 능력을 믿는 사람들로 구성된 광범위한 네트워크를 구축했다. 결국 그 회사들은 리버모어가 거래할 때마다 이익을 얻었다.

리버모어는 부채가 늘면서 두 번이나 파산했지만 증권사들은 그에게 상환을 독촉하지 않았다. 리버모어가 운이 좋아서 그렇게 많은 재산을 모은 게 아니라는 사실을 알고 있었기 때문이다. 어떤 사람이 돈을 잃어도 그 돈을 전부 되찾고 그 이상을 벌어들인다면, 또 그런 상황이 여러 번 반복된다면, 이건 그 사람이 뛰어난 기술을 가졌음을 입증하는 것이다.

리버모어는 자신의 명성 덕분에 전문 트레이더에게 가장 중요한 자본에 접근할 수 있었다. 1916년 말까지 여러 거래에서 큰 성공을 거두면서 그의 순자산은 300만 달러까지 회복되었다. 이후에도 리버모어는 매년 월스트리트에서 부와 명성을 꾸준히 키워나갔다. 1929년에 주식시장이 폭락했을 때(1929년 대공황) 투자자 대부분은 돈을 잃었지만 리버모어는 반대로 공황을 이겨냈고, 덕분에 그의 명성은 더욱 확고해졌다.

현재 '검은 월요일'로 불리는 1929년 10월 28일에 뉴욕 증권거래소 주가는 하루 만에 거의 13퍼센트나 하락했다. 이는 전례 없는 일이었다. 설상가상으로 그다음 날에는 시장이 전날보다 12퍼센트 더 폭락해 '검은 화요일'이라 불리게 되었다. 이틀 만에 수십억 달러의 손실이 발생했고 투자자 수천 명이 목숨을 끊었다.

그날 리버모어가 집에 돌아오자 아내와 아이들이 눈물을 글썽이며 그에게 달려왔다. 그의 아내 도로시 리버모어Dorothy Livermore는 하루 종일 라디오 앞에 앉아서 큰 성공을 거뒀다가 갑자기 파산한 투자자들에 대한 뉴스 보도를 듣고 있었다. 그녀는 곧 저택을 내놓고, 귀중품을 모두 팔고, 집값이 싼 동네에 있는 소박한 아파트에서 살게 될 것이라는 충격적인 사실을 아이들이 받아들이도록 준비시키고 있었다.

그러나 리버모어는 미소 띤 얼굴로 가족들에게 인사를 건넸다. 그는 대폭락에 영향을 받지 않았다. 1929년에 그는 거의 공매도만 했기 때문에 그 운명적인 월요일에 시장이 급락하자 자축할 수 있었다. 리버모어는 며칠 만에 1억 달러(현재 가치로 15억 달러)를 챙겼다. 그는 경력 내내 승패에 상관없이 기술을 익히고 다듬는 데 전념했다. 그래서 인생에서 가장 중요한 기회가 주식시장 폭락이라는 형태로 나타났을 때 그 순간을 포착해서 활용할 만반의 준비가 되어 있었다.

자기만의 가치를 창출할 수 있는
기술로 무장해라

제논은 '인생의 목표는 자연과 조화롭게 사는 것'이라고 생각했다. 간단히 말해, 세상에 적응하는 사람은 행복하고 그렇지 못한 사람은 행복하지 않다는 의미다. 이는 또한 성공의 열쇠이기도 하다. 내면에서 답을 찾으면 세상에서 성공할 수 있다. '어떻게 해야 우리 사회에 가치를 더할 수 있을까?' 자문해 보고 그렇게 할 수 있는 기술을 익힌다면 항상 할 일이 있을 것이다. 이런 적응 능력은 돈을 찍어내는 기계와도 같다.

리버모어의 유년기는 제논과 극명한 대조를 이룬다. 그러나 삶에 대한 그들의 접근 방식은 동일했다. 둘 다 세상에 적응하려고 노력했지, 세상이 자신에게 맞출 것을 요구하지 않았다. 후자는 좌절의 공식이 아니겠는가. 단순히 학위가 있다는 이유만으로 일자리가 보장된다고 기대했다면 곧 겸손해야 한다는 교훈을 얻게 될 것이다. 우리는 거래 경제 시대에 살고 있다. 자기만의 가치를 창출해야 그 대가로 금전적인 보상을 받을 수 있다.

무일푼 상태에서 자산을 축적할 수 있는 기반은 사회에서 자신의 가치를 높여주는 기술을 습득하는 것이다. 소득 창출 기회를 제공하는 기술은 전부 가치가 있다. 글쓰기, 코딩, 대중 연설, 디자인, 리더십 등을 생각해 보라. '가치 있는 기술'이라는 개념은 가변적이다. 19세기에는 전신을 이용해서 주가를 전달하는 방법이 귀중한 기술이었을 것이다. 그러나 전화가 등장하고 팩스가 도입되면서 쓸모없는 기술이 되었다. 세상에 적응할 수 있는 사람이 되고 싶다면 다양한 학습법을 익혀야 한다. 어떤 기술이든 습득할 수 있어야 세상이 필요로 하는 것에 적응할 수 있다. 우리 삶에서 기술 개발이 얼마나 중요한지를 다룬《마스터리의 법칙》을 쓴 로버트 그린은 "미래는 더 많은 기술을 배우고 이를 창의적으로 결합하는 사람들의 것이다"라고 말했다.

스토아주의자들은 자신의 적응 능력에 자부심을 느꼈다. 삶이 어떤 고난을 안겨줘도 그들은 항상 내면의 평화를 찾을 수 있었다. 그 어느 때보다 빠르게 신기술이 등장하고 변화하는 요즘 세상에서는 이런 가변적인 사고방식이 필수적이다.

우리는 어떤 상황이 와도 적응할 수 있는 학습 기계가 될 수 있도록 훈련해야 한다. 에픽테토스는 "교육이란 무엇인가? 교육은 적응하는 방법을 배우는 것이다"라고 말했다.

스토아주의자와 가장 성공한 투자자들은 실제로 독특한 학습 체계를 선보인다. 나는 이 체계를 '기술 도약대'라고 부른다.

1. **타고난 능력을 활용해서 일한다.** 사람은 누구나 타고난 강점을 가지고 있다. 자기가 이미 잘하는 것에 집중하면 더 많은 가치를 제공할 수 있다.

2. **최고에게서 배운다.** 뭐든 배우기로 결심했다면 최고에게서 배워야 한다. 위대한 것을 공부하면 새로운 수준에 도달할 가능성이 커진다.

3. **멘토로부터 벗어난다.** 발전 과정에서 어느 시점이 되면 배운 것들을 하나로 엮어 기술을 활용할 수 있는 독특한 방법을 개발하게 될 것이다.

4. **최선을 다하되 무리하지 않는다.** 정신 건강을 지키고 충분한 휴식을 취해야 한다. 성공하려고 자신을 너무 압박하면 번아웃을 겪을 위험이 있다.

이런 체계는 경력을 시작하거나 향상하는 데 도움이 된다. 각 요소들을 좀 더 자세히 살펴보자.

1. 타고난 능력을 활용해서 일한다

자신의 본성을 거스르는 것만큼 삶의 진전을 늦추는 것도 없다. 자신이 가진 재능과 강점, 관심사를 기반으로 경력을 쌓으려 하지 않고 엉뚱한 기회를 추구하는 이들이 많다. 어쩌면 부모님이 변호사가 되길 바라서 로스쿨에 진학했지만, 자신의 타고난 능력과 맞지 않는다는 걸 깨달았을 수도 있다. 아니면 실리콘밸리에서 큰돈을 번 20대 창업자들의 이야기에 매료되어 회사를 설립했지만, 자신은 회사를 운영하기에 적합한 인물이 아니라는 사실을 알게 되었을 수도 있다.

리버모어가 젊을 때 배운 것처럼, 자기가 열정을 품고 잘할 수 있는 일을 추구하면 더 부유한 삶을 살 수 있다. 젊은 리버모어는 아버지 뒤를 이어 농부가 되어야 한다는 압박을 받았지만 그는 금융 관련 글을 읽는 걸 좋아했고 수학도 잘했다.

어떤 기술에 탁월해지려면 열정과 타고난 능력이 모두 필요하다. 기술을 비교적 쉽게 수행할 수 있는 재능이나 선천적인 역량이 있어야 한다.

타고난 재능이 없는데도 더 높은 연봉을 받을 수 있다거나 인기가 있다는 이유로 어떤 기술을 배우려고 하면, 우리는 자기가 헛된 목표를 좇고 있다는 사실을 금세 깨닫게 된다. 자신에게 집중하면서 본인의 관심사나 능력에 맞지 않는 기회는 피해야 한다. 리버모어의 열정과 수학 능력, 그리고 나이가 들수록 더 좋아진 뛰어난 기억력을 감안할 때 그가 주식 중개인으로 경력을 쌓은 것은 당연했다.

관심과 능력의 교차점에 있는 기술을 연마하려면 자기 성찰도 어느 정도 필요한데, 이는 스토아 철학의 중요한 측면이다. 가장 부유한 스토아 철학자 중 한 명인 세네카는 우리가 어떻게 성찰해야 하는지에 대한 글을 자주 썼다. 50대 후반에 공직 생활에서 물러난 세네카는 친구 루킬리우스Lucilius에게 보낸 124통의 편지를 비롯해 주목할 만한 철학 작품을 집필하는 데 시간을 바쳤다. 세네카는 친구에게 "자신을 탐색하고, 다양한 방식으로 자신을 살피고 관찰하라"고 권했다.

노력 없이 자신을 알 수 있으리라고 기대해서는 안 된다. 리버모어처럼 일기를 쓰자. 자기 생각을 종이에 적어보자. 자신의 생각을 읽고 분석하자. 이런 식으로 본인이 잘하는 것이 무엇인지 단서를 찾자.

2. 최고에게서 배운다

철학자이자 황제였던 마르쿠스 아우렐리우스는 "읽기와 쓰기에 숙달되려면 스승이 필요하다"라는 글을 남겼다. 이 글을 쓸 당시 아우렐리우스는 로마의 통치자로 서구에서 가장 강력한 인물이었지만, 늘 겸손한 태도를 유지했다. 그는 자기가 다른 사람들 위에 있다고 여기지 않았고, 최고의 인물에게서 배우려는 열망을 품고 있었다.

리버모어가 페인 웨버에서 일하기 시작했을 때, 그는 미국 최고의 증권사 중 하나인 이곳에서 금융계에 푹 빠져들었다. 그는 점심시간은 물론이고 직장에서 사람들과 나눈 교류를 통해 새로운 것을 배웠다. 이는 기술 개발과 관련해 상당히 저평가되는 측면이다. 나는 2010년에 아버지와 함께 회사를 차렸는데, 3년 반쯤 지나자 더 이상 발전하지 않고 정체된 듯한 기분이 들었다. 그래서 포춘 500대 기업이자 IT 연구 분야의 선두 기업 가트너Gartner에 취직했다. 세계 최고의 회사에 다니면서 그곳 사람들이 어떻게 일하는지 보고 싶었다.

가트너에 근무하는 동안, 2개월간의 입사 정규 교육 프로그램에서 배운 것보다 업무가 끝난 뒤 뛰어난 동료들과 술집이나 식당에서 시간을 보내면서 배운 게 더 많았다. 자기 일을 잘하는 사람들과 많은 시간을 함께하면서 그들이 훌륭한 성과를 올리는 이유가 무엇인지 이해하게 되었다.

새로운 기술을 처음 배울 때는 최고에게서 배워야 한다. 자기 일을 잘하지 못하는 이들의 조언은 듣지 않아도 된다. 리버모어가 최고의 주식 중개소를 찾아간 데에는 다 이유가 있었다. 그는 최고가 되고 싶었다. 에픽테토스가 말한 것처럼 "지금은 자신의 이상을 실천하는 문제를 진지하게 생각할 때다. … 특별해지겠다고 결심하고 지금 해야 할 일을 하자."

3. 멘토로부터 벗어난다

어떤 분야든 최고의 인물을 연구하다 보면 다들 일을 처리하는 자신만의 고유한 방식이 있다는 것을 알게 된다. 성공한 투자자들을 살펴보면 주식 선택 전략이 저마다 조금씩 다르다. 이들이 당신의 멘토이자 스승이 될 수 있다. 이들 스승이 없었다면 당신은 지금의 위치에 이르지 못했을 것이다. 하지만 어느 순간이 되면 학생의 역할에서 벗어나야 한다. 배운 것을 활용해 자기만의 아이디어와

스타일, 전략, 코드, 예술작품, 글을 창조해야 한다.

리버모어는 페인 웨버를 그만둘 때 자기가 주식을 잘 고를 수 있으리라는 자신감이 있었다. 그는 멘토, 고객, 동료들에게 배울 수 있는 것을 모두 배웠고, 이를 이용해 자기만의 주식 거래 방법을 만들었다.

에픽테토스도 멘토에게서 벗어나는 것이 얼마나 중요한지 이야기했다. "당신은 아직 소크라테스가 아니지만 소크라테스처럼 살아갈 수는 있다." 아직 자기 분야에서 최고의 자리에 오르지 못했더라도 항상 독보적인 존재가 되려는 열망을 품고 살아야 한다.

나 역시 작가로서 이런 경험을 한 적이 있다. 흔한 글쓰기 조언 중에 좋아하는 작가를 모방하는 것부터 시작하라는 말이 있다. 유명 언론인이자 작가, 교사인 윌리엄 진서는 〈모델 찾기〉라는 웹진 기고문에서 이렇게 말했다. "글쓰기는 모방을 통해 배울 수 있다. 우리 모두에게는 모델이 필요하다." 내가 이 일을 시작했을 때 모델로 삼은 이들은 어니스트 헤밍웨이, 척 팔라닉, 그리고 진서였다. 좋아하는 작가가 쓴 글을 베끼는 것이 글쓰기를 시작하는 데 도움이 되었다. 많은 작가가 그런 식으로 시작한다는 걸 여러분도 알고 있을 것이다.

하지만 많은 작가가 간과하는 사실은 진서가 시작할 때만 모델을 찾아야 한다고 강조했다는 것이다. 이는 진서가 1976년에 펴낸 베스트셀러《글쓰기 생각쓰기》에서 강조한 내용으로 이 책은 지금도 작가들의 필독서로 간주되고 있다. 작가는 자기만의 독특한 스타일을 개발해야 한다. n번째 헤밍웨이 지망생의 글을 읽고 싶어 하는 사람이 어디 있겠는가.

충분히 배울 만큼 배우고 나면 다른 사람을 따라하는 걸 그만두고 자기만의 방식대로 일을 시작해야 한다.

4. 최선을 다하되 무리하지 않는다

훌륭한 인재가 되려면 끊임없이 배우고 연습해야 하는데, 그러자면 많은 에너지가 필요하다. 힘들어도 계속 밀어붙이고 싶은 마음이 들 수도 있지만, 자기가 한계에 다다르고 있다는 사실을 아는 것도 중요하다. 개인 에너지를 잘 관리하지 않고는 스토아주의를 유지하는 건 불가능하다. 지나치게 피곤하고 탈진하면 직장, 집, 투자 결정 등 우리 삶의 모든 부분에서 영향을 받는다.

좋은 성과를 거두려면 한발 물러나야 할 때를 알아야 한다. 하지만 슬프게도 리버모어는 자신의 한계를 알지 못했다. 그는 1900년부터 1934년까지 세 번이나 파산했는데, 매번 같은 패턴이었다. 지나치게 많은 위험을 감수했고, 돈을 벌려고 너무 열심히 애썼으며, 항상 홈런만 치려고 했다. 거래에 집착했고, 심지어 갑자기 휴가를 멈추고 일터로 복귀하기도 했다.

리버모어는 자신의 기술과 경험을 바탕으로, 1934년 마지막 파산을 제외하고는, 파산하고 나서도 수백만 달러를 되찾곤 했다. 하

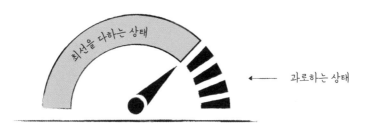

개인의 에너지를 속도계라고 생각해 보자. 원한다면 '과로하는 상태'로 진입할 수도 있지만 너무 무리하면 번아웃이 올 수도 있기 때문에 장기적으로 해롭다. 꾸준히 최선을 다하려면 충분한 휴식을 취하고 정신 회복에 시간을 투자하자.

지만 리버모어는 이런 우여곡절을 겪으면서 지쳐갔다. 대공황 전 보다 규제가 강화된 월스트리트에서 이방인이 된 듯한 기분을 느꼈다. 그는 더 이상 투자에서 성공하지 못하자 투자에 관한 책을 집 필했다. 몇 년간 글을 써서 두 권의 책을 출간했지만 우울증에 빠졌고, 그 상태에서 영영 헤어 나오지 못했다. 안타깝게도 리버모어는 1940년 예순세 살에 스스로 목숨을 끊었다.

우울증은 정신 건강 전문가에게 도움을 받아야 하는 심각한 문제다. 그러니 정신 질환으로 고통받는 이들에 대한 인식을 높이고 이해하려 노력해야 한다. 정신 건강을 개선할 수 있는 한 가지 방법은 과도한 노력을 피하는 것이다. 하지만 다들 일에서 성공하려고 자신에게 너무 많은 압박을 가하는 경향이 있기 때문에 이는 꽤나 어려운 일이다. 우리는 모든 일이 빨리 진행되기를 바란다.

스토아 철학은 그런 압박감을 버리고 한 걸음 물러나 자신이 통제할 수 있는 일에 집중해야 한다고 일깨워준다. 직업과 관련해 우리가 통제할 수 있는 부분은 맡은 일을 잘 처리해서 세상에 필요한 것을 제공하는 것뿐이다. 일을 통해 얻는 금전적 보상은 우리가 통제할 수 없다. 부를 쌓기 위한 토대가 기술 개발에서부터 시작되는 것도 이런 이유에서다. 그건 우리가 100퍼센트 통제할 수 있다.

스토아 철학 속 투자 지혜

교육받은 사람만이 자유롭다.

– 에픽테토스

교육에 대해 어떻게 생각하는가? 대부분의 사람들은 교육을 자기 인생의 첫 번째 단계라고 생각한다. 학교를 졸업하면 교육이 끝났다고 여긴다. 하지만 정말 필요한 교육을 다 받은 것일까? 사실 우리는 공부를 계속해야만 자유로워질 수 있다.

스토아 철학이 말하는 자유는 재정적인 자유에 국한된 것이 아니다. 스토아 철학이 말하는 자유는 무지로부터 해방됨을 의미한다. 삶을 평화롭게 살 수 있는 자유를 뜻한다. 사상과 신념에 얽매이지 않고 외부에서 벌어지는 사건에 흔들리지 않으면서 항상 평온함을 유지하는 것이다. 끊임없이 마음을 갈고 닦아야 그런 상태에 도달할 수 있다.

투자 전략 되새기기 :

- 부를 쌓기 위한 여정을 시작할 때는 자신만의 기술 개발에 집중해야 한다. 기술을 익히는 방법을 알면 자기 삶과 경제에 적응할 수 있다. 가치가 높은 기술을 보유하고 있으면 빨리 직업을 구할 수 있다.

- 인간 본성의 법칙과 일치하는 삶을 살아야 한다. 잘 산다는 것은 삶의 진실과 조화를 이루며 사는 것이다. 이는 곧 자기가 바꿀 수 없는 것에 저항하지 말고 적응하려고 노력해야 한다는 뜻이다.

- 기술 도약대를 이용해서 더 빨리 배워야 한다. 자신이 원래부터 잘하는 기술에 집중해서 훌륭한 성과를 올리는 걸 목표로 삼고, 최고에게서 배우자. 자기만의 고유한 작업 방식을 개발하고 매일 최선을 다해야 한다.

- 정신 건강을 지켜야 한다. 생산성과 일관성을 유지해야 오래 해낼 수 있다. 잠깐 무리했다가 회복하는 것보다 오랫동안 꾸준히 최선을 다하는 게 더 많은 발전을 이룰 수 있다.

주식시장의 숨은 원칙들

다들 부를 향한 지름길이 있다는 말에 귀를 쫑긋 세운다. 인터넷에서는 빨리 부자가 될 수 있는 조언과 계획을 수없이 찾을 수 있다. 하지만 이 책에서 소개하는 저명한 투자자들 가운데 지름길을 택한 사람은 한 명도 없다. 다들 사다리 밑바닥에서부터 시작해 위로 올라갔다. 그들은 부를 늘려가기 전에 투자의 기본부터 배웠다. 이 장을 읽고 나면 주식시장을 움직이는 요인과 투자 업계를 제대로 이해하고 현명하게 투자하는 방법을 알게 될 것이다. 이런 지식은 투자의 불확실성과 수수께끼 같은 부분을 없애준다. 이를 통해 우리는 자신이 무슨 일을 하고 있는지 알게 된다.

워런 버핏,
기초부터 천천히 투자 기술을 익히다

1950년 봄, 열아홉 살의 워런 버핏은 하버드 경영대학원에 지원해야겠다고 생각했다. 고향에서 네브래스카 주립대학교 졸업을 앞두고 있던 그는 하버드대학에서 공부를 이어가고 싶었다.

버핏은 아이비리그 대학의 명성과 인맥이 필요하다고 느꼈다. 하지만 면접을 보러 간 그는 자신의 바람대로 되지 않으리라는 걸 재빨리 깨달았다. "내 겉모습은 열여섯 살쯤으로 보였고, 정서적인 나이는 아홉 살에 불과했다. 면접 진행자인 하버드대학 동문과 10분 정도 함께 있었는데, 그는 내 역량을 평가하더니 입학을 거부했다."

하지만 하버드대학에 떨어진 덕분에 버핏은 더 좋은 경력을 쌓을 수 있는 방향으로 나아가게 되었다. 버핏은 하버드대학 대신 컬럼비아대학에 합격했고, 그곳에서 동료 데이비드 도드와 《증권 분석》이라는 독창적인 책을 공동 집필한 멘토 벤저민 그레이엄을 만났다.

1930년대 이전에는 월스트리트에 장기 투자라는 게 존재하지 않았다. 사실 18세기에 주식시장이 탄생한 이후 1920년대 후반까지 주식은 주로 투기꾼들의 전유물이었다. 트레이더들은 장기적인 부를 축적하기 위해서가 아니라 단기적인 이익을 얻기 위해 주식을 샀다. 광란의 1920년대에 접어들자 이런 식의 매매 전략이 더 널리

퍼졌고 상황은 더욱 위험해졌다. 당시에는 주식으로 돈을 잃는 것이 거의 불가능했다. 사람들은 주식을 높은 가격에 사서 더 높은 가격에 팔았다.

주식을 장기 투자 수단으로 제안한 최초의 인물 중 한 명이 1924년에 《장기 투자 대상으로서의 보통주Common Stocks as Long Term Investments》라는 책을 펴낸 에드거 로런스 스미스Edgar Lawrence Smith였다. 스미스는 이 책을 통해 주식이 투기 수단일 뿐이라는 통념에 도전했다. 그는 주식 투자 수익률에 통계 분석을 최초로 적용했다. 스미스는 20세기 첫 20년 동안 주식이 채권보다 좋은 성과를 올렸다는 사실을 발견했다. 또한 더 거슬러 올라가 본 결과, 투자자가 다양한 주식을 보유한 경우(다우존스 산업평균지수와 유사한) 15년 동안 손실을 입을 확률이 1퍼센트에 불과하다는 사실을 발견했다. 이 데이터는 오늘날에도 여전히 유효하다.

그레이엄과 도드는 주식을 다른 관점에서 바라본 이 연구 결과를 토대로 삼았고, 실제로 《증권 분석》은 1934년 출간 이후 20세기 동안 가장 중요한 투자서로 평가받았다. 버핏은 이 책과 1949년에 출간된 그레이엄의 후속 저서 《현명한 투자자》를 탐독했다. 두책 모두 월스트리트의 관습을 깨뜨렸다. 버핏은 월스트리트에 혁명을 일으키고 투자에 대한 장기적이고 체계적인 접근 방식을 창안한 그레이엄과 함께 일하고 싶었다.

1949년에 컬럼비아대학에서 경제학 공부를 시작한 버핏은 그레이엄이 운영하는 펀드사 그레이엄-뉴먼Graham-Newman Corp에서 일하고 싶었다. A+ 학생이었던 그는 그레이엄과 인연을 맺었고, 그의 회사에서 무급으로 일하겠다고 제안하기도 했다. 하지만 그레이엄-뉴먼은 유대인만 고용했기에 버핏을 받아주지 않았다. 당시 투자 은행들은 반유대주의적인 성향이 강했고, 이 때문에 그레이엄-뉴먼은 변화를 주고 싶어 했다. 결국 버핏은 네브래스카로 돌아와 아버지 회사인 버핏-포크 앤드 컴퍼니Buffett-Falk & Co.에서 주식 중개인으로 일했다.

버핏은 고객에게 주식을 팔아야 하는 이 첫 번째 직장이 마음에 들지 않았다. 자신을 위해 주식을 사는 건 좋았지만 다른 사람에게 사라고 설득하는 건 견딜 수 없었다. 무엇보다 자기가 추천한 주식 때문에 고객이 손해를 보는 게 싫었다.

요즘에는 기본적으로 주식 바스켓이라고 할 수 있는 뮤추얼 펀드나 인덱스 펀드를 구입할 수 있지만 당시에는 투자자들이 개별 주식을 따로 골라야 했다. 오늘날 인기 있는 인덱스 펀드는 존재하지도 않았다. 투자하려면 주식 중개인에게 어떤 주식을 사야 할지 안내를 받고 매수해야 했다.

버핏은 투자가 처음은 아니었지만 투자 사업은 처음이었다. 버핏은 투자 기술과 투자 사업이 다르다는 것을 이때 배웠다.

투자 사업은 주식과 다른 유가증권을 이용해서 수익을 창출하는 산업이다. 예를 들어, 버핏이 주식 중개인으로 일할 때는 투자 실적이 아닌 매출액을 기준으로 급여를 받았다. 고객이 투자에 성공하든 실패하든 상관없었다. 그런데 이런 방식은 버핏에게 잘 맞지 않았다.

버핏은 열한 살이던 1941년에 114달러를 가지고 첫 투자를 시작한 것으로 유명하다. 10년 뒤, 그의 개인 주식 포트폴리오는 19만 738달러의 가치가 있었지만 직장에서는 성공을 거두지 못했다. "그때 나는 스물한 살이었다. 사람들에게 주식을 팔려고 여기저기 돌아다녔는데, 상담을 끝내고 나면 다들 '아버지는 어떻게 생각하시지?'라고 물었다. 그런 말을 늘 들었다." 버핏은 이렇게 회상했다.

그의 조언을 듣는 고객도 있었지만, 그가 얘기한 아이디어를 이용해 다른 중개인을 통해서 주식을 산 고객도 있었다. 이 사실을 알게 된 그는 속았다는 기분이 들었다. 버핏은 투자 사업의 원리를 서서히 배워가고 있었지만 전혀 마음에 들지 않았다. 그는 사람들의 돈을 관리하되 간섭을 받고 싶지는 않았다.

자기 일에서 성취감을 느끼지 못하는 사람들이 대부분 그렇듯이, 버핏도 다른 데로 눈을 돌리기 시작했다. 점점 싫어지는 그 일에서 벗어나고 싶었다. 재정이 좀 더 안정되기만 한다면 자기가 좋아하는 일, 즉 주식 투자를 할 수 있을 터였다. 그는 돈을 벌기 위해 부업으로 친구와 함께 주유소를 매입했다. 사업주가 된 것이다. 하지만 일은 기대했던 대로 풀리지 않았다.

"주유소를 산 건 정말 멍청한 짓이었다. 2,000달러를 잃었는데 당시 내게는 큰돈이었다. 그 전에는 한 번도 손해를 본 적이 없었기에 고통스러웠다." 그는 순자산의 20퍼센트를 잃었다. 그 주유소에서는 돈을 전혀 벌지 못했는데, 바로 옆에 더 많은 고객을 끌어 모으는 셀프 주유소, 텍사코 주유소가 있었기 때문이다.

오마하로 돌아온 이후, 버핏이 기대했던 대로 되는 일은 하나도 없었다. 너무 미숙했던 그는 길을 찾지 못했다. 하지만 멘토인 그레이엄과는 계속 연락을 주고받았다. 버핏은 커미션을 받아서 생계를 꾸리는 주식 중개인이 되는 것보다는 다른 사람들 돈으로 주식을 사는 투자자가 되는 게 낫다는 걸 배웠다. 그러나 오마하에서는 전문 투자자가 될 기회가 없었기에 그레이엄에게 계속 주식 아이디어를 제안했다. 그레이엄에게 유용한 존재가 되는 것이 그의 전략이었다. 실제로 버핏의 조언은 성공적이었다. 2년간 연락을 주고받은 끝에 그레이엄은 버핏에게 "돌아오게"라는 편지를 보냈다. 버핏의 끈기가 성과를 거둔 것이다.

그레이엄-뉴먼은 파트너 두 명을 포함해 직원이 여덟 명밖에 없는 소규모 회사였다. 이곳에 합류한 버핏은 창문도 없는 방의 책상에 앉아 기업들을 꼼꼼하게 조사했다. 재무 데이터와 주가, 경영진을 살펴봤고, 가능하다면 회사를 직접 방문하기도 했다. 그는 누구보다 기업 연구를 많이 해야 한다고 강조했다. 다른 전문 투자자들은 사무실에 앉아서 애널리스트가 작성한 보고서를 읽기만 했다. 애널리스트는 재무 데이터, 시장 동향, 회사 성과 등을 조사하고 평가해서 투자 종목을 추천하고 예측을 제공한다.

그러나 버핏은 다른 사람의 추정과 의견에 의존하고 싶지 않았다. 그래서 기업이든 미국 증권거래위원회든 필요한 데이터를 얻기 위해 직접 출처를 찾아나섰다. 버핏은 당시를 회상하며 "그런 장소에 직접 가는 사람은 나뿐이었다. 거기 사람들은 심지어 내게 고객이냐고 물어보지도 않았다. 나는 그들에게 40~50년 전 파일을 달라고 했다. 복사기가 없었기 때문에 거기 앉아서 깨알 같은 메모와 숫자 등을 모두 옮겨 적었다"라고 말했다.

그레이엄의 전략은 '담배꽁초' 기업, 즉 기업의 자산 가치에 비해 주식시장에서 거래되는 주가가 저평가된 값싼 주식을 찾는 것이었다. 그레이엄이 생각한 방식대로라면 그런 회사들은 할인된 가격으로 살 수 있었는데, 그는 이를 '안전 마진'이라고 불렀다. 버핏은 이후에 전략을 변경하긴 했지만 지금도 여전히 안전 마진 개념을 고수하고 있다. 자산 가치보다 낮은 금액을 지불하면 돈을 잃을 위험이 적다.

버핏은 2년 동안 마음에 드는 직장에서 건전한 투자 원칙을 배웠다. 그리고 사무실에 있을 때는 투자 사업이 어떻게 돌아가는지 계속 귀를 기울였다. 버핏은 자신의 기술과 지식을 이용하면 적은 돈을 목돈으로 바꿀 수 있다는 사실을 깨달았다. 이를 위해 낯선 사람에게 주식을 팔 필요도 없었다.

하지만 버핏과 그레이엄의 직업적 관계는 오래 지속될 수 없었다. 버핏은 이제 막 경력을 시작한 반면, 예순두 살인 그레이엄은 은퇴할 준비가 되어 있었다. 그레이엄은 1956년에 펀드를 폐쇄하고 UCLA에서 학생들을 가르치기 위해 로스앤젤레스로 이사하기로 했다.

그즈음 버핏은 투자를 통해 개인 자본을 14만 달러로 늘려놓은 상태였다. 그레이엄-뉴먼이 문을 닫자 버핏은 다시 집으로 돌아갔다. 그리고 이번에는 계속 고향에 머물면서 멘토의 파트너십을 모델 삼아 자기 펀드를 시작했다. 버핏은 경험과 지식, 양의positive 투자 수익률뿐만 아니라 투자자로서의 명성도 탄탄하게 쌓아둔 상태였다.

그레이엄-뉴먼이 펀드를 폐쇄하자 투자자들은 그레이엄에게 돈을 누구에게 맡겨야 하는지 물었다. "워런 버핏이지"라고 그레이엄은 대답했다.

주식시장의
세 가지 기본 원칙

주식시장은 주식을 사는 사람과 파는 사람이 만나는 곳이다. 전통적인 시장은 약 5000년 동안 존재했지만(시장이나 시장에 관한 최초의 기록은 기원전 3000년으로 거슬러 올라간다), 주식시장이 실제로 생긴 건 17세기 초의 일이다. 1602년, 네덜란드 동인도회사는 암스테르담 증권거래소에서 공개적으로 거래할 수 있는 주식을 발행했다. 이론적으로는 누구든 주식을 사면 회사의 공동 소유자가 될 수 있었지만, 실제로는 부유한 집안에서 태어난 사람들만 주식을 살 수 있었다.

그런 경향은 20세기까지 지속되었다. 1950년대에는 1920년대보다 개인이 주식을 구매하는 게 쉬웠지만, 구매할 때마다 여전히 비싼 거래 비용을 내야 했고, 특히 소액으로 주식을 구매한 경우에는 더욱 그랬다. 예를 들어, 거래 금액이 100~400달러면 기본 수수료 3달러에 거래 금액의 2퍼센트에 해당하는 수수료(최소 6달러)가 부과되었다. 100달러짜리 주식을 사려면 실제로는 106달러를 내야 하는 셈이었다. 따라서 100달러 상당의 주식을 구매했다면 그 즉시 수익의 6퍼센트를 포기한 것과 다름없었다.

게다가 20세기 후반까지는 주식시장에 실질적인 기본 논리가 없었다. 사람들은 그냥 가치가 상승한 주식을 사고 하락한 주식을 팔았다. 주식의 실제 가치가 얼마인지 누가 알았겠는가. 그러다가 현대 금융이 발달하면서 상황이 바뀌었다. 에드거 로런스 스미스, 벤저민 그레이엄, 워런 버핏 같은 사람들이 체계적인 투자 개념을 소개했다. 시간이 지나면서 주식시장은 시장이라는 단계를 넘어 하나의 시스템으로 성장했다. 나는 이 시스템의 바탕이 된 세 가지 기본 원칙을 확인했다. 이 원칙은 게임 규칙과 비슷하다고 볼 수 있다.

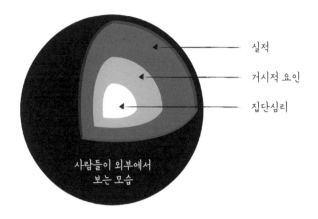

실적

거시적 요인

집단심리

사람들이 외부에서
보는 모습

외부에서 보면 주식시장은 비합리적으로 움직이는 수수께끼 같다. 하지만 그 이면을 들여다
보면 시장을 움직이는 원칙이 있다는 것을 알 수 있다. 이 원칙을 알면 주식시장이 더 이상
수수께끼처럼 보이지 않는다.

수 세기에 걸쳐 전 세계에서 주식시장이 운영되는 동안 투자 커뮤
니티는 이 원칙을 공통의 진리로 확립했다.

주식시장의 기본 원칙을 이해하면, 합리적이고 차분하며 정보에
입각한 사고방식으로 투자에 접근할 수 있다. 이런 지식은 두려움
이나 불안 같은 감정이 투자 결정에 영향을 끼치지 못하게 도와준
다. 다른 사람들이 여론 조성자들에게 휘둘리고 시장이 수수께끼
같다고 여길 때, 당신은 시장을 움직이는 기본 메커니즘을 확실히
파악하게 될 것이다. 그 결과, 시장 변동에 자신 있게 대처하고 다
음 원칙에 따라 더 많은 정보를 바탕으로 결정을 내릴 수 있다.

투자에 도움이 되는 주식시장의 기본 원칙 세 가지를 소개한다.

1. 실적

부동산 투자를 할 때 가장 흔하게 듣는 말이 '위치, 위치, 위치'다. 진부하겠지만 더 말할 것도 없는 사실이다. 좋은 위치에 있는 괜찮은 부동산이 나쁜 위치에 있는 좋은 부동산보다 낫다. 게다가 토지는 더 늘릴 수 없기에 최적의 위치는 언제나 수요가 많다. 주식시장에도 이와 비슷한 말이 있다. '실적, 실적, 실적'이다. 실적이란 특정 분기나 회계 연도의 회사 수익을 가리킨다.

나도 투자를 처음 시작할 때는 무엇이 주식을 움직이는지 전혀 몰라서 부동산과 비교했다. 인기 있는 주식은 좋은 위치에 있는 부동산과 같다고 생각했다. 그러나 주식시장에서는 역사상 수십 년간 인기를 유지하는 회사가 없다. 반면에 뉴욕시 센트럴파크 근처 아파트나 프렌치 리비에라 해변 주택은 100년 전에도 인기가 있었고 지금도 여전히 인기가 있다. 이런 부동산에 대한 수요는 100년 뒤에도 지금과 같은 수준으로 유지될 것이라고 가정하는 편이 안전하다.

하지만 주식에 대해서는 그런 말을 할 수가 없다. 1920년대 투자자들은 제너럴 일렉트릭(1896년 상장) 같은 회사는 항상 수요가 있을 것이라고 가정했다. 제너럴 일렉트릭이 세계 최대 기업 중 하나가 아닌 미래를 누가 상상할 수 있었겠는가. 사람들은 1950년대의 철강회사에 대해서도 똑같은 말을 했다. 그런데 영원히 1위 자리를 유지하는 회사는 없다. 주식은 실적에 좌우되기 때문이다. 회사가 성장해서 더 많은 수익을 올리면 주가가 올라간다. 회사가 주가를 올리려고 수익을 공시할 필요도 없다. 투자자들은 미래의 수익 가능성을 보면서 향후 실적이 늘어날 것이라 기대하며 오늘 기꺼이 주식을 매수한다.

전문 투자 업계는 수익 개념을 기반으로 한다. 뮤추얼 펀드, 헤지펀드, 연기금, 보험 회사 같은 기관 투자자는 실적을 주로 고려하는 투자 모델을 사용한다. 어느 업계나 그렇듯이 트렌드도 있다. 월스트리트가 상승 잠재력이 높은 종목을 찾아내면 모든 전문가가 해당 주식을 사들이기 시작해서 가격이 상승한다. 어떤 주식이 주목을 받으면 매수, 보유, 매도를 추천하는 애널리스트도 끼어든다. 주식을 사는 이들이 늘어나고 월스트리트 내부자들이 전문적인 보도를 내보내면 언론이 따라붙는다. CNBC,《월스트리트 저널》, 또는 소셜 미디어를 통해 특정 주식의 예외적인 수익률에 대해 듣게 될 것이다. 이때부터 대중은 해당 주식에 관심을 갖기 시작한다. 하지만 이들 대부분은 기업의 성장 스토리가 오래 지속되지 못한다는 사실을 모른다. 이 전체 시나리오가 진행되는 데 2년이 걸릴 수도 있는데, 그동안 전문가들은 주가를 계속 높여 놓는다. 그들은 자신이 투자하는 회사에 대해 모든 걸 알고 있으며, 중요한 건 실적뿐이라는 사실을 누구보다 확신한다.

실적 성장이 둔화될 조짐이 보이기 시작하면 월스트리트는 며칠 안에 주식을 처분할 수 있다. 그러면 고공 행진하던 주식이 하락한다. 성공적인 기업의 실적이 30퍼센트 이상 증가하면 투자자들은 앞으로 수년간 예외적인 성장이 이어질 것이라 기대하며 기차에 오르지만, 일반적인 성장(최대 10퍼센트) 조짐이 보이기 시작하면 주가는 하락한다. 그 회사가 두 자릿수 성장으로 돌아가지 않으면 주가는 다시 오르지 않을 것이다.

이것이 지난 수십 년 동안 S&P 500 지수가 계속 상승한 이유 중 하나다. 미국에서 가장 견실하고 일관된 실적을 올린 500개 상장 기업만 포함되기 때문이다. 이 목록에 포함되는 기업들은 위원회가 엄격한 기준에 따라 선정한다. 더 이상 S&P 500의 일원이 될 가치가 없다고 판단되는 회사는 제외시키고 더 실적이 좋은 회사로 대체한다. 투자자들은 더 이상 성장하지 않는 기업에 무자비하다. 회사 실적이 감소하면 주가는 0에 가깝게 떨어질 수 있다.

2. 거시적 요인

주식의 궁극적인 방향은 주식 성장에 따라 결정되지만 주식 성장의 속도는 거시적 요인에 따라 달라진다. 가장 중요한 요인은 경기 침체, 지정학, 전쟁, 자연재해, 금리, 금융 시스템의 문제(2008년 금융위기) 등이다. 이런 요소가 월스트리트를 계속 움직인다. 전문 투자자들은 주식시장의 향방에 대한 내러티브를 구성하는데, 그 내러티브는 대부분 거시적 요인에 기반을 둔다. 미디어에서 들을 수 있는 가장 인기 있는 내러티브는 다음과 같은 것이다.

"불황이 다가오고 있다. 달아나!" 불황이 임박했다고 경고하는 이들은 늘 있다. 그들은 다음에 닥칠 폭락은 1929년보다 더 심각할 것이라고 말한다. 이들이 공통적으로 이야기하는 것은 세계적으로 성장이 둔화되고 있고, 정부 부채가 너무 많으며, 미국 달러가 힘을 잃고 있다는 것이다.

"연준이 금리를 인상할 것이다!" 미국 연방준비제도이사회의 목표는 미국의 건전한 경제를 뒷받침하는 것이고, 이를 위한 주된 방법은 은행의 대출 금리를 정하는 연방 자금 금리를 결정하는 것이다. 이 결정은 주택담보대출, 자동차 대출, 신용카드 같은 시장 금리에도 영향을 미친다. 경제는 역동적으로 움직이기 때문에 연준은 필요하다면 금리를 낮추거나 올려야 한다. 경기가 과열되면 금리를 인상하고, 경기가 침체되면 금리를 인하한다.

"지정학적인 사건 때문에 세계 경제가 탈선할 것이다!" 매년 어떤 형태로든 자유세계에 대한 위협이 발생한다. 그러나 주식시장은 전쟁, 전염병, 무역 갈등, 자연재해, 다양한 대통령 행정부를 겪으면서도 계속 상승했다.

미디어가 늘 떠들어대는 과대광고와 재앙 예측은 주식시장의 단기 변동에는 영향을 미치지만 장기 성장을 멈추지는 못한다. 스토아주의 투자자인 당신은 이런 내러티브를 잘 알기 때문에 섣불리 반응하지 않는다.

3. 집단심리

투자자들은 시장에 있는 다른 참가자들의 심리와 분위기에 매우 민감하다. 호시절에는 투자자들이 탐욕을 부린다. 가격을 계속 올리고, 금융계의 역사를 잊은 채 불가능은 없다고 가정한다. 그게 인간의 본성이다. 화창한 여름에 겨울을 생각하는 걸 좋아하는 사람은 없다. 그리고 겨울이 되면 여름은 영영 오지 않을 것만 같다.

주식시장은 장기적으로는 수익의 기본 원칙에 따라 합리적으로 움직이지만, 단기적으로는 투자자들의 집단심리에 따라 매우 비합리적인 움직임을 보인다. 1990년부터 인기 있는 투자 심사 보고서를 작성해 온 투자자 하워드 막스는 집단심리가 주도하는 단기 및 중기 주식시장의 행태를 진자의 움직임에 비유한다.

막스는 자신의 저서 《하워드 막스 투자와 마켓 사이클의 법칙》에서 이렇게 말했다. "비즈니스, 금융, 시장 주기에서 상승세에 대한 대부분의 과잉 반응과 하락세에 대한 불가피한 반응은 심리적 진자가 과도하게 요동친 결과다." 시장이 평형 상태를 이루는 경우는 거의 없다. 또 모든 투자자가 균형 잡힌 시각을 나타내는 경우도 없다. 시장은 두려움과 탐욕 양극단 사이에서 작동한다.

이런 주가 변동은 사람들 대부분이 기대하는 것과 반대로 움직이는 경우가 많기 때문에 투자가 더 어려워진다. 예를 들어, 회사의 최신 실적이 발표되는 날까지는 주가가 상승할 수 있다. 좋은 소식을 기대하면서 가격이 오르는 것이다. 그런데 실제 수익이 발표되

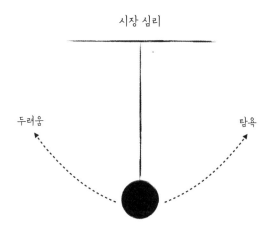

시장 심리

두려움

탐욕

시장 심리의 추. 두려움과 탐욕 사이에서 흔들리는 시장 참가자들의 모습을 나타낸다. 진자는 항상 움직이며 중간에 가만히 있는 법이 없다.

면 수익이 아주 좋아도 주가가 하락할 수 있다. 왜 그럴까? 월스트리트는 기대와 예상치 못한 뉴스라는 두 가지 단기 지표에 따라 움직인다.

전문가들은 어떤 일이 일어날 것이라고 예상하면 마치 그 일이 이미 발생한 것처럼 거래를 한다. 그러다가 실제로 그 일이 일어나면 주식을 처분하고 다음 거래로 넘어간다. 그래서 수많은 단기 변동이 발생하는 것이다. 예상치 못한 소식 역시 마찬가지다. 투자 커뮤니티에서 연준이 금리를 0.25퍼센트 인상할 것이라고 예상했는데, 갑자기 0.75퍼센트 인상되었다고 가정해 보자. 아마 엄청난 하향 움직임이 나타날 것이다. 시장이 정말 놀라면 그때마다 상승이

든 하락이든 큰 반응을 보인다. 이때 주가는 두려움과 탐욕이 결정한다. 무서운 일이 벌어질 거라고 예상된다면? 주가가 하락할 것이다. 사람들을 탐욕스럽게 만들 만한 일이 예상된다면? 주가가 상승할 것이다.

대부분의 투자자들은 주식시장의 심리와 그것이 어떻게 돌아가는지 잘 모른다. 그래서 집단 행동에 빠진다. 다른 사람들이 팔 때 팔고, 살 때 사는 것이다. 결과적으로 우리의 부를 파탄내는 확실한 방법인 '고가에 사서 저가에 파는' 전략으로 이어진다.

절대 변하지 않는 원칙에
집중해라

금융계만큼 거짓말쟁이와 사기꾼이 많은 업계도 없다. 이 거짓 선지자들은 일반 투자자들의 지식 부족을 악용한다. 사람들은 주식시장이 어떻게 돌아가는지 제대로 알지 못한 채로 주식 투자를 시작한다. 이건 놀라운 일이 아니다. 대부분의 분야에서 그 업계의 기본 원리에 대한 지식은 중요하지 않다.

의료 업계가 어떻게 돌아가는지 몰라도 훌륭한 의사가 될 수 있다. 나는 작가지만 출판업의 역사를 잘 모른다. 하지만 주식시장에 투자할 때는 똑같은 말을 할 수 없다. 좋은 기업에 투자한다고 해서 항상 좋은 결과가 나오진 않는다. 성공을 결정하는 다른 요소가 많기 때문이다. 훌륭한 상장 회사를 찾아서 기업 가치를 평가하고 그 가치보다 낮은 가격에 주식을 사더라도, 폭락할 징후가 나타나면 겁을 먹고 바로 팔 수 있다.

일반 투자자와 전문 트레이더 모두 주식시장의 숨은 원칙을 존중해야 하는 것은 이 때문이다. 장기적으로는 실적이 중요하고, 거시적인 요인이 변동을 결정하며, 집단심리는 두려움과 탐욕 사이에서 진동한다.

스토아학파는 일반적으로 다음과 같은 방식으로 삶에 접근했다. 그들은 항상 사회의 기존 규칙과 패턴, 원칙에 따라 일했다. 그들의 목표는 삶이 작동하는 방식을 바꾸는 게 아니라 자신의 행동을 바꿔서 온전한 정신을 지키는 것이었다. 그들은 어떤 어려움에 직면하더라도 항상 자기 안에서 해결책을 찾았다. 그리고 자문했다. 나의 행동이나 사고방식에서 어떤 부분을 바꿔야 문제를 해결할 수 있을까? 마르쿠스 아우렐리우스는 이렇게 말했다. "상황 때문에 불가피하게 혼란에 빠지더라도 즉시 자기 본질로 돌아가야 하며, 본인의 리듬을 잃지 말아야 한다. 그렇게 본질로 계속 돌아가다 보면 조화를 잘 이해하게 될 것이다."

버핏은 이런 사고방식의 달인이다. 그는 수도승 같은 생활로 유명하다. 자기 사무실 근처에 살고, 직원 수는 적고, 하루에 몇 시간씩 투자에 관한 책을 읽으며 사색하고, 무엇보다 주식시장에 대한 자신의 지식을 믿었다. 그 결과, 버핏은 단기적인 과장 선전과 공황 상태를 피할 수 있었다. 2008년 금융위기가 발생해 주식시장이 폭락했을 때도 버핏은 여러 인터뷰에서 냉정한 태도를 유지했다. 심지어 《뉴욕타임스》에 〈미국 주식을 사라, 나는 그렇게 한다〉라는 제목으로 기고도 했다. "난 주식을 매수할 때, 간단한 규칙을 따른다. 다른 사람들이 욕심을 부릴 때 두려워하고, 다른 사람들이 두려워할 때 욕심을 내야 한다는 것이다." 투자를 지속하면서 침착함을 유지하라는 것이 그가 모든 투자자에게 보내는 메시지다.

투자자 입장에서 어떤 문제에 직면했을 때, 해결책은 그 상황을 외면하지 않는 것이다. 기본 원칙으로 돌아가자. 절대 변하지 않는 규칙을 이해한 상태에서 결정을 내리고 감정에 사로잡히지 말자.

스토아 철학 속 투자 지혜

진전을 이루면서 무엇보다 자신의 본질과 일치되도록 노력해야 한다. 그리고 뭔가를 성취했다면, 어제 원했던 것과 똑같은 걸 오늘도 원하는지 생각해 보자. 의지가 달라진다는 건 마음이 바다에 떠 있는 것처럼 바람의 흐름에 따라 이리저리 움직인다는 얘기다. 그러나 안정되고 확고한 마음은 원래 자리에서 벗어나지 않는다.

– 세네카

조사도 하지 않은 채 목표를 향해 달리기 시작했던 때를 생각해 보자. 어쩌면 유튜브 영상 하나 달랑 보고 수영을 배우려고 했을지도 모른다. 어쩌면 기업가 정신에 관한 강좌를 듣거나 책을 읽지도 않은 채 사업을 시작하려고 했을 수도 있다. 그런 식으로 시작하면 앞으로 무슨 일이 일어날지 전혀 알 수 없고 성공 가능성도 무너진다. 게다가 자기가 뭘 하고 있는지 잘 모르면 악의를 가진 사람들에게 속아 넘어가기 쉽다.

어떤 일을 처음 시작할 때는 가장 중요한 원칙을 찾는 데 전념해야 한다. 지식을 갖추고 끊임없이 노력해야 한다. 최대한 많이 연구하자. 자기가 어디로 향하는지 알아야 목적지에 도달할 확률이 높아진다.

투자 전략 되새기기 :

- 밖에서 보면 투자는 복잡한 수수께끼처럼 보인다. 하지만 주식시장은 비합리적이지 않다. 단기적으로, 혹은 밖에서 볼 때만 비합리적으로 보일 뿐이다.
- 주식시장은 세 가지 기본 원칙을 바탕으로 한다. 수익, 거시적 요인, 집단심리가 주식시장이 하는 일을 결정한다. 단기적으로는 불안정하지만 장기적으로는 일관성이 매우 높은 것으로 입증되었다.
- 투자 원칙을 항상 염두에 둔다. 주식시장의 일일 뉴스 사이클

에 휩쓸리면 결과적으로 주식을 실제로 움직이는 게 무엇인지 잊게 된다. 주식시장 원리를 염두에 두면 급격한 가격 변동에도 당황하지 않고 중심을 지킬 수 있다.

투자는 습관,
일관성 있게 투자해야 성공한다

투자는 어쩌다 한 번씩 하는 게 아니라 삶의 방식이 되어야 한다. 당신이 투자자라면 순자산을 늘리는 게 목표일 것이다. 재산이 매일 얼마씩 늘어나는지는 중요하지 않다. 중요한 건 날마다 재산을 늘리는 데 도움이 되는 행동을 하는 것이다. 꾸준히 자신에게 투자하다 보면 삶의 모든 영역에서 성과가 나타날 것이다. 먼저 생활이 나아지고 경력이 향상될 것이다. 그러면 부가 따라온다.

제럴딘 와이스,
월스트리트의 퍼스트 레이디가 되다

　1966년 4월 1일, 'G. 와이스'라는 수수께끼 투자자가 《인베스트먼트 퀄리티 트렌드Investment Quality Trends》라는 투자 소식지를 발행했다. 오늘날에도 존재하는 이 소식지는 전문적인 투자 커뮤니티에 투자와 관련된 통찰력과 전략을 제공했다. 소식지를 발행한 지 10년 이상 지난 1977년, 루이스 러카이저Louis Rukeyser라는 유명 투자자가 이 소식지에 관심을 갖게 되었다. 그는 《인베스트먼트 퀄리티 트렌드》 구독자들이 계속해서 높은 수익을 달성했다는 사실에 놀랐다.

　러카이저는 〈루이스 러카이저의 월스트리트 위크Wall $treet Week with Louis Rukeyse〉라는 TV 프로그램 진행자이자 투자계에서 유명한 인물이었다. 〈월스트리트 위크〉에 등장하는 건 투자자들에게 대단한 일이었다. 당시 금융계의 주요 언론 매체는 《월스트리트 저널》과 《바론즈Barron's》, 그리고 이 프로그램뿐이었다. 〈월스트리트 위크〉에는 시장에서 뛰어난 수익을 올린 개인과 기업이 출연했다. G. 와이스는 이런 뛰어난 투자자들 사이에서도 단연 돋보였다. 와이스는 〈월스트리트 위크〉에 출연했고, 시청자들은 'G. 와이스'가 자녀 네 명을 둔 50세의 투자자 제럴딘 와이스라는 사실을 알게 되었다. G. 와이스는 미국 최초의 유명 여성 투자자로 '월스트리트의 퍼스트 레이디'로 알려졌다.

1960년대는 여성에 대한 혐오가 매우 노골적이던 때라 와이스는 가명을 사용하기로 결정했다. 당시에는 남편이 공동 서명하지 않으면 은행은 여성들에게 신용카드를 발급해 주지 않아도 되었고, 임신하면 직장에서 해고되는 경우도 많았다. 심지어 아이비리그 학교 대부분은 남자들만 입학할 수 있었다(예일대학과 프린스턴대학은 1969년까지 여학생을 받지 않았고, 하버드대학은 1977년부터 여학생을 입학시키기 시작했다). 와이스가 어렸을 때는 상황이 더 심했다.

와이스는 1926년에 샌프란시스코의 유대인 가정에서 태어났다. 와이스의 10대 시절은 끊임없는 전쟁 위협과 반유대주의에 대한 두려움으로 가득 차 있었다. 나이가 들수록 반유대주의는 점점 더 심해졌고, 1939년에 제2차 세계대전이 발발하자 유대인으로 살아가는 것 자체가 더없이 위험해졌다. 너무나 많은 차별을 겪은 아버지는 와이스가 고등학교에 다닐 무렵 성을 슈뮬로비츠Schmulowitz에서 스몰Small로 바꾸기로 했다.

와이스는 이전에 슈뮬로비츠라는 성으로 학교 선거에 출마했다가 패한 적이 있었다. 하지만 이듬해에 아버지가 성을 스몰로 바꾼 후 학교 선거에 다시 출마하자 당선이 되었다. 와이스는 이 경험을 통해 사람들이 유대인을 어떻게 인식하고 있는지에 대한 혹독한 교훈을 얻었고, 이를 평생 가슴에 품고 살았다.

와이스는 캘리포니아대학 버클리 캠퍼스에서 경영학과 재무학 학위를 취득하기로 결정했다. 여가 시간에는 공공도서관에 가서 투자에 관한 책을 모두 탐독하면서 인생의 소명을 찾았다. 와이스는 훗날 "그렇게 읽은 책들 가운데 내게 가장 큰 영향을 끼친 것은 벤저민 그레이엄이 쓴 《증권 분석》과 《현명한 투자자》였다. 덕분에 장기적으로 가격을 결정하는 핵심 요인이 기업 가치라는 사실을 깨달았다"고 말했다.

1945년에 졸업한 와이스는 대학 시절에 미래의 남편을 만났다. 그래서 곧바로 사회에 나가 경력을 쌓지 않고 젊은 해군 장교인 남편과 함께 가정을 꾸리는 데 전념하기로 했다. 금융 분야에서 일하면서 직접 생계를 꾸리고 싶었지만 주부가 되어야 한다는 압박감을 느꼈다. 와이스도 말했지만 "(당시) 여성들의 목표는 결혼이었다."

1962년 서른여섯 살이 된 와이스는 마침내 금융 분야에서 일을 시작할 준비가 되었다고 느꼈다. 하지만 순조롭지 않았다. 이런저런 어려움을 겪던 와이스는 모아둔 돈 일부를 가지고 주식을 사는 문제에 대해 남편과 상의했다. 당시에는 재정적인 여유가 별로 없었기에 주식 투자가 망설여졌기 때문이다. 금융계의 비밀스러운 분위기도 주저하게 만드는 또 다른 요인이었다.

와이스는 투자 경험이 없었지만 어떻게든 경험을 쌓아야 했다. 월스트리트를 밖에서 바라보는 것과 그 안에서 무슨 일이 일어나는지 이해하는 건 완전히 다른 문제다. 금융업은 외부인들이 자기 세계에 가까이 다가오는 것을 꺼리는 백인 남성들이 지배하는 곳이었다. 사회 전체 분위기 또한 여성이 재정 문제를 처리할 수 있다는 생각조차 하지 않는 상황에서 중년 여성이 투자에 대해서 뭘 알았겠는가.

와이스는 "우리는 근근이 먹고 사는 형편이었다. 간신히 모은 돈을 잃고 싶지 않았기 때문에 투자를 하는 게 너무 두려웠다"라고 말했다. 하지만 남편은 와이스를 지지해 주었다. 쿠바 미사일 위기가 발생해 주식시장이 폭락하자 와이스는 기회가 왔다고 생각했다. 주변의 다른 투자자들은 이 사태에 당황해서 시장에 투자했던 돈을 빼냈지만 와이스는 행동에 나섰다. 위기가 끝나자 시장은 반등했고 와이스는 단기간에 상당한 수익을 올렸다.

와이스는 나중에 "기본적으로 건실한 기업이 어떤 이유로든 일시적으로 투자 커뮤니티에서 인기를 잃었을 때만큼 주식을 매입하기에 좋은 시기도 없다"라고 회상했다. "건실한 기업에 악재가 생기면, 이를 탈출해야 한다는 신호가 아니라 매수 기회로 여겨야 한다."

개인 포트폴리오가 이렇게 성장했음에도 와이스는 전문 투자자로 일할 수 있는 직장을 구하려고 4년이나 고군분투해야 했다. 증권 중개사와 월스트리트의 여러 회사에 지원했지만 그들은 매번 그냥 웃어넘기거나 비서 일을 해보라고 제안했고, 와이스는 이를 거절했다.

몇 년간 계속 거절당한 와이스는 늘 해왔던 방식으로는 결코 투자 업계에 진출할 수 없다는 것을 깨달았다. 그가 거래소 비서 일부터 '시작하는' 것을 거부한 이유는, 그 자리에 있으면 업계 종사자들이 자신의 투자 의견과 통찰력을 존중해 주지 않으리라는 것을 알았기 때문이다.

1966년 마흔 살이 된 와이스는 《인베스트먼트 퀄리티 트렌드》를 발행하는 회사를 공동 창업했다. 당시에는 ETF나 인덱스 펀드를 통한 수동적 투자가 존재하지 않았다. 주식에 투자하려면 개별 기업의 증권을 사야 했으므로 장기적으로 부를 쌓기가 어려웠다. 어떤 주식을 사야 할지 어떻게 알겠는가.

당시에는 인터넷이 없었기에 투자자들은 대개 친구나 친척, 《월스트리트 저널》이나 《바론즈》 같은 신문에서 얻은 정보로 어떤 주식을 사고팔지 결정했다. 1960년대에는 투자자들이 항상 주식 관련 정보를 찾고 있었고, 이 때문에 우편으로 보내주는 투자 소식지가 인기를 끌었다.

《인베스트먼트 퀄리티 트렌드》는 이런 요구에 부응했다. 와이스는 미국에서 성공적으로 투자 자문 서비스를 시작한 최초의 여성이 되었다. 그래도 여전히 남성이 지배하는 분야였기 때문에 처음에는 와이스도 자기 중개인과 협력해서 소식지를 발간했다. 첫 번째 소식지를 발송할 때 와이스와 공동 창립자인 프레드 휘트모어Fred Whitmore는 발송하는 사본을 절반씩 나눠서 서명을 했다. 소식지 내용은 동일했지만 반응은 달랐다. '프레드 휘트모어'가 서명한 소식지는 구독자들에게 매우 좋은 반응을 얻었지만 '제럴딘 와이스'가 서명한 소식지는 그렇지 못했다. 와이스는 2006년에 나온 《인베스트먼트 퀄리티 트렌드》 40주년 기념판에서 당시를 이렇게 회고했다. "내가 서명한 홍보용 소식지에 대한 첫 번째 반응을 죽을 때까지 잊지 못할 것이다. '여자에게 투자 조언을 들으리라고는 상상도 못해봤다. 아마 당신은 그 조언을 남자에게 들었을 게 분명하다.' 그 편지는 오랫동안 내 사무실 벽에 걸려 있었다."

이를 통해 와이스는 일반 투자자도 여성의 투자 조언에 편견을 갖고 있다는 사실을 깨달았다. 와이스는 고등학생 때 배운 교훈, 즉 사람들의 인식이 중요하다는 것을 떠올렸다. 그래서 미묘하면서도 중요한 변화를 꾀했다. '제럴딘 와이스'라는 이름을 'G. 와이스'로 바꾼 것이다. 그때부터 좋은 반응이 쏟아지기 시작했다.

와이스는 1년 안에 휘트모어의 지분을 인수해서 혼자 소식지를 관리하기 시작했다. 계속 시장을 연구하면서 구독자들이 좋아할 만한 수준 높은 투자 정보를 제공했다. 《인베스트먼트 퀄리티 트렌드》는 수십 년 동안 매년 양의 수익률을 기록했다. 1986년부터 2022년 사이에 이 소식지가 추천한 종목의 수익률은 연평균 11.8퍼센트에 달했다. 구독자가 1986년에 1,000달러를 투자한 뒤 2022년까지 소식지가 추천한 사항을 잘 따랐다면, 그 1,000달러가 55,450.43달러로 불어났을 것이다.

첫 발행 이후 10년간 양의 수익률을 올린 뒤, 베일에 싸여 있던 G. 와이스가 마침내 〈월스트리트 위크〉를 통해 자기 모습을 공개하자 많은 구독자가 충격을 받았다. 한 여성이 그런 귀중한 정보를 주고 있다는 사실을 몰랐기 때문이다. 하지만 오랫동안 괜찮은 수익을 얻었던 만큼, 이제 소식지 구독자 대부분은 돈을 벌게 도와준 사람이 어떤 성별이든 신경 쓰지 않았다. 결과를 통해 실력을 증명했기 때문이다.

단순한 행동의 반복, 투자 습관을 기른다

어떤 일을 반복적으로 하다 보면 그게 습관이 된다. 에픽테토스는 이렇게 말했다. "모든 습관과 능력은 그에 상응하는 행동에 의해 유지되고 증가한다. 걸으면 걷는 습관이 생기고, 달리면 달리는 습관이 생기는 것이다. … 일반적으로 어떤 일을 습관으로 삼고 싶다면 그 일을 계속해야만 한다."

매일 걷는 습관을 기르고 싶다고 가정해 보자. 그러려면 날씨가 어떻든, 일이 얼마나 바쁘든 상관없이 매일 걸어야 한다. 비가 온다면 집에 있는 러닝머신 위에서 걷거나 헬스클럽에 가야 한다. 이것이 지속적인 행동으로 습관을 형성하는 방법이다. 하지만 대부분의 투자자에게는 투자 습관이 없다. 그들은 조건이 완벽할 때만 투자하고 싶어 한다. 공교롭게도 몇 년에 한 번씩 투자하기에 완벽한 조건이 형성되는 경우가 있다. 주가는 오르고, 금리는 낮으며, 경기 침체도 조만간 발생하지 않을 것 같다.

완벽한 조건에서만 투자하고 싶다는 것은 하늘에 구름도 없고 바람도 불지 않는 29도의 날씨일 때만 산책하겠다고 말하는 것과도 같다. 동부 해안에 사는 사람이라면 아마 1년에 한 번 정도만 산책이 가능할 것이다.

문제는 대부분의 투자자들이 일관성이 없다는 것이다. 훌륭한 전략을 세워서 세계 최고의 주식을 매수할 수도 있지만, 그런 주식을 딱 한 번만 산다면 많은 수익을 얻지 못한다. 따라서 더 많은 부를 쌓으려면 투자 습관을 들여야 한다.

습관을 형성하는 가장 좋은 방법은 무엇일까? 행동을 아주 단순화해서 그 일을 할 수밖에 없게 만드는 것이다. 무소니우스 루푸스는 습관 형성에 대한 영감을 준다. 그는 모든 스토아 철학자 가운데 자기 습관에 가장 엄격했던 사람이다. 무소니우스의 아버지 카피토는 로마의 부유한 에케스_{eques}(기사라고도 하며 명예직이다)였기 때문에 이는 놀라운 일이었다. 고대 로마의 계급 체계에서 기마 기사단은 원로원 바로 아래였고, 원로원은 황제 다음가는 정치 권력 집단이었다. 그러나 무소니우스는 고대 로마에서 많은 부와 권력을 얻을 수 있는 확실한 방법이었던 정치 분야에서 경력을 쌓는 대신 거의 평생 동안 철학을 가르치며 살았다.

무소니우스는 습관을 형성할 때 무엇보다 중요한 것은 반복이라고 강조했고, 이런 글도 남겼다. "그렇다면 어떤 일에 대한 이론을 아는 것이 그 이론을 실천하면서 관련 지침에 따라 일을 진행하는 것보다 나을까? 행동의 배후에 존재하는 이론을 알면 그것에 관해 얘기할 수 있지만, 그 행동을 가능케 하는 것은 실천이다."

부를 쌓을 때도 마찬가지다. 이론도 중요하지만 부를 쌓는 데 도움이 되는 것은 행동, 아니 행동하는 습관이다. 투자 습관을 만드는 데 도움이 되는 스토아주의적 일관성 법칙 두 가지를 소개한다.

법칙 1: 소액으로 시작해라

와이스는 투자를 시작할 때 이리저리 돈을 구하러 다니거나 아는 이들에게 돈을 빌려달라고 하지 않았다. 그때까지 모아둔 적은 돈으로 시작했다. 사람들은 많은 돈을 투자해야만 부자가 될 수 있다고 생각한다. "돈이 돈을 낳는다"라는 유명한 말이 있는데, 대개 이 말을 '돈을 벌려면 많은 돈이 필요하다'는 뜻으로 해석한다. 이는 사실이 아니다. 투자의 핵심은 적은 돈을 많은 돈으로 불리는 것이다. 투자는 목표나 활동, 과업이 아니라 습관이다. 운동, 명상, 독서 등 결과를 얻기까지 시간이 걸리는 모든 일과 마찬가지로 꾸준히 해야 한다.

이제 막 투자를 시작한 사람은 S&P 500 인덱스 펀드에 매달 50달러를 추가 입금하는 방식으로 투자에 대한 감을 얻을 수 있다. 대부분의 중개업자는 단일 주식을 구매(특정 순간의 거래 가격에 따라 액수가 달라진다)하는 것보다 투자 금액을 늘릴 수 있게 해준다. 수입이 많고 검소하게 사는 사람이라도 주식시장의 변동에 익숙해지려면 소액부터 시작하는 것이 현명하다.

숙련된 종목 선정가나 트레이더라도 한동안 거래에서 손을 뗐거나 실적이 좋지 않을 때는 소액으로 다시 시작하는 것이 좋다. 복귀하면 소액으로 투자해 보자. 기존보다 작은 포지션을 유지하면서 몇 차례 소소한 성과를 올리는 것이다.

이는 에픽테토스가 새로운 제자들에게 제시한 것과 같은 접근 방식이다. 그는 처음부터 스토아주의자처럼 살기보다 '작은 일부터 시작해야 한다'고 생각했다. 그리고 스토아주의의 무관심 개념을 실천할 수 있는 방법을 예로 들었다. "마음에 드는 도기 잔이 있다고 가정해 보자. 어느 날 그 잔이 깨지더라도 크게 충격받지 않을 것이다. 도기는 원래 잘 깨지는 성질이 있기 때문이다. 본인이 소중히 여기는 다른 것에도 이런 태도를 적용해 보자. 이런 관점을 모든 대상으로 확장하는 것이다."

나도 스토아 철학을 처음 실천할 때 이런 방식을 받아들여서 작은 일부터 적용한 다음 차차 내 삶의 중요한 부분에 적용했다. 어떤 일 때문에 불안감이 들면 '뭐 어때? 이건 그냥 ~일 뿐이야'라고 생각하려고 애썼다. 예를 들어, 좋아하는 셔츠가 망가졌다면 '이건 그냥 셔츠일 뿐이야'라고 생각했고, 산 지 2주밖에 안 된 식탁이 망가졌다면 '그냥 식탁일 뿐이잖아'라고 생각했다. 가벼운 사고가 나서 차가 파손되었을 때도 '이건 그냥 차일 뿐이야'라며 넘겼고, 발을 다쳤을 때도 '발만 다쳤으니 다행이야'라고 생각했다. 바르셀로나 여행 중에 병에 걸린 적이 있는데, 이처럼 조금 심각한 상황에 처했을 때도 '그냥 지나가는 일일 뿐'이라고 여겼다. 끝내는 2018년 4분기에 긴축 통화 정책과 경기 둔화, 미국과 중국 간의 무역 전쟁 심화에 대한 우려 등으로 S&P 500이 15퍼센트 하락했을 때도 '그냥 단기적인 하락일 뿐'이라고 생각했다.

그런 식으로 생각하는 태도를 기르지 않았다면 S&P 500이 대폭 하락한 상황에서 도저히 그렇게 침착하지 못했을 것이다. 최고의 장기 전략은 작게 시작하는 것이다. 습관을 기르거나 새로운 관점에 익숙해지려면 시간이 걸리기 때문이다. 나는 2008년에 투자를 중단했는데, 그 이유 중 하나는 작게 시작하지 않았기 때문이다. 그 전 해에 저축한 돈을 거의 다 털어서 주식을 샀다.

자신의 투자 전략에 아무리 확신이 있더라도(심지어 내가 이 책에서 제안하는 전략이라도) 처음부터 모든 것을 쏟아부으면 실패할 수밖에 없다. 적은 금액으로 시작하고, 포트폴리오 가치가 오르락내리락할 때 자신이 어떻게 반응하는지 살펴보면서 인내심을 키우는 훈련을 하는 것이 좋다. 평소대로 생활하면서 천천히, 하지만 꾸준히 포트폴리오 규모를 늘려가자.

법칙 2: 일관성을 지켜라

살면서 수동적인 결정을 없애면 특정한 활동을 반드시 실행할 수 있다. 와이스는《인베스트먼트 퀄리티 트렌드》를 처음 시작할 때 소식지를 한 달에 두 번씩 발행하겠다고 약속했다. 그리고 지금도 그 발행 일정을 지키고 있다. 와이스는 한 달에 두 번씩 소식지를 발행하겠다고 결정한 덕분에 이 문제를 또다시 고민할 필요가 없었다. 시장 상황이나 개인 생활에 무슨 일이 생기든 상관없이 와이스는《인베스트먼트 퀄리티 트렌드》를 꾸준히 발행해 왔다.

열정과 설렘을 안고 시작했다가 금세 그만둔 프로젝트가 얼마나 많은가. 일관성 없는 태도는 대부분 실패로 이어지는데 우리는 쉽게 일관성을 잃곤 한다. 여러 가지 책임과 해야 할 일, 돌봐야 할 사람이 있기 때문이다. 목표를 달성하는 과정에는 항상 장애물이 있게 마련이다. 그러니 일관성을 유지하는 것 외에 다른 선택권을 줘서는 안 된다.

나는 2015년에 주간 뉴스레터를 발행하기 시작하면서 가급적 일주일에 두 번씩 발행하겠다고 약속했다. 그리고 거의 3년 동안 그 일정을 지켰다. 그 기간 동안 뉴스레터 구독자는 0명에서 5만 명 이상으로 늘어났다. 그 이후 발행 일정을 바꾸긴 했지만 매주 뉴스레터를 발행하겠다는 약속은 여전히 지키고 있다. 정해진 일정을 따라야 한다는 다짐이 없었다면 매주 글을 쓰지 못했을 것이다. 발행 일정을 공개적으로 약속한 덕에 계속 글을 쓸 수 있었다. 아무리 피곤하고 바빠도 뉴스레터는 반드시 발행해야 한다.

주식시장에 투자하려고 할 때 본인의 감정과 판단이 가장 큰 적으로 작용하는 경우가 많다. 시장이 상승세고 금리가 낮을 때는 스스로 감당할 수 있는 것보다 더 큰 위험을 감수할 가능성이 높고, 상황이 나쁠 때는 모든 위험을 피하려고 할 가능성이 높다. 투자금 운용을 자동화해 두면 이 방정식에서 감정 문제가 사라진다. 간단하게 다음과 같은 규칙만 정해놓아도 된다.

- 나는 S&P 500 인덱스 펀드에 매달 500달러를 투자한다. (401(k), 개인 은퇴 계좌IRA, 연금 계좌 등에서 자동으로 이체되도록 설정할 수 있다.)
- 나는 앞으로 6개월 동안 새 옷이나 장비, 그 외 갖고 싶은 물건을 사지 않을 것이다.

이때 중요한 점은 이 규칙을 상황이 좋을 때만 지키는 것이 아니라 항상 지켜야 한다는 것이다. 매달 일정 금액을 투자하기로 결정했다면, 주식시장이 오르거나 내리는 데 맞춰서 금액을 바꾸지 말고 자신의 상황에 따라서 바꾸자. 더 많이 벌면 더 많이 투자하자. 하지만 시장 상황에 맞춰 금액을 바꾸는 건 피해야 한다. 자신의 상황을 살펴보고 돈을 어느 정도 투자할 수 있는지 결정하자. 내 좌우명은 '매달 아쉽지 않을 만큼 투자하자'이다. 생활비를 낼 수 없을 정도로 많은 돈을 투자해서는 안 된다. 얼마나 투자하고 어떻게 투자해야 하는지는 '스토아 철학이 가르쳐주는 투자 테크닉' 섹션에

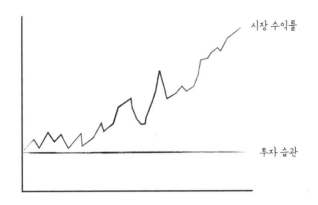

시장 수익률

투자 습관

습관은 일관성이 있지만 시장은 그렇지 않다. 자기가 통제할 수 있는 것(행동)에 집중하면 시장에서 무슨 일이 일어나든 계속 투자할 수 있다.

서 자세히 얘기할 것이다.

대부분의 사람들이 예산 관리 앱을 사용하고, 들어오고 나가는 돈을 일일이 세고, 매일 돈을 완벽하게 관리하는 것을 재정 자동화라고 생각한다. 하지만 그건 스토아주의적인 방식이 아니다. 스토아주의의 기본 개념은 삶이 평온하고 행복하도록 모든 일을 최적화하는 것이다.

무소니우스는 이를 다음과 같이 표현했다. "우리가 선해지려는 이유는 행복하고 축복받은 삶을 살기 위해서지 그 외의 다른 이유는 없다." 마찬가지로 우리가 저축하고 투자하는 이유도 행복하고 자유로운 삶을 살기 위해서다. 재정 문제와 관련한 활동 중에 자신의 진정한 행복을 가로막는 게 하나라도 있다면 그 활동을 재고해

봐야 한다. 저축과 투자를 자동화하고 싶을 수도 있지만, 자동화가 가능한 건 간단한 일들뿐이다.

스토아 철학 속 투자 지혜

철학을 포기하든 중단하든 크게 달라지는 것은 없다. 철학을 중단 하면 중단 상태가 계속되는 것이 아니라, 부풀어 올랐다가 터지는 물체처럼 연속성을 잃고 시작점으로 바로 돌아가기 때문이다.

– 세네카

한번 투자를 포기하면 다시 돌아가기 어렵다. 세네카의 말처럼 일관성이 없으면 예전의 일상으로 후퇴하기 때문이다. 따라서 다른 무엇보다 일관성을 우선시해야 한다. 투자를 시작할 때 장기적인 성공을 위해 어떤 준비를 할 수 있는지 생각해 보자. 스토아주의자로서 던지는 첫 번째 질문이 "어떻게 해야 가장 높은 수익을 올릴 수 있는가?"가 되어서는 안 된다. "투자의 일관성을 보장하려면 어떻게 해야 하는가?"여야 한다. 어쩌다 한 번씩 큰 금액을 투자하는 것보다 지속적으로 소액을 투자하는 편이 더 많은 부를 쌓을 수 있다.

투자 전략 되새기기 ::::::::::::::::::::::::::::::

- 투자는 일회성 작업이나 활동이 아니라 습관이다. 투자도 본인

이 지닌 다른 습관처럼 여겨야 한다. 투자를 반복적인 활동으로 전환하면 진정한 부를 쌓을 수 있다.

- 다른 습관과 마찬가지로 투자도 일관성이 중요하다. 일관성 있는 투자자가 되겠다고 결심하고 꾸준히 지킬 수 있는 전략을 선택해야 한다.

- 소액으로 시작하는 게 좋다. 지속 가능성이 가장 높은 투자 전략은 작게 시작하는 것이다. 많은 돈을 저축했더라도 작은 규모로 시작해서 시장의 상승과 하락에 익숙해지자.

- 매달 투자할 수 있는 금액을 정한다. 스토아주의 투자자로서 자신이 통제할 수 있는 가장 중요한 것, 즉 투자 금액에 집중해야 한다. 시장에서 벌어지는 일은 통제할 수 없기 때문에 시장에 주의를 기울이는 것은 에너지 낭비다.

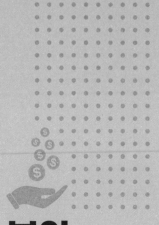

부의
핵심 2

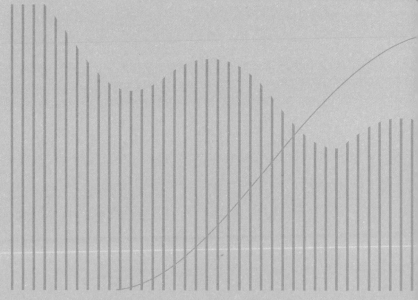

손실을 받아들여라

지금보다 나아지고 싶다면, 외적인 면에서는 남들이 어리석고
우둔한 사람이라고 여기더라도 신경 쓰지 말아야 한다.
– 에픽테토스

단기 손실에 익숙해져라

손실을 두려워하는 건 당연하다. 돈을 잃는다고 생각하면 너무나 고통스럽기 때문에 대부분의 사람들은 아예 투자를 시작하지도 않는다. 하지만 스토아학파나 성공한 투자자들은 손실을 다르게 인식한다. 손실을 일시적이고 불가피한 과정의 일부로 여긴다. 이런 사고방식을 받아들여서 가끔 발생하는 단기 손실에 익숙해지면, 투자전략을 계속 유지해서 장기적으로 성공을 거둘 수 있다. 이렇게 돈과 삶에 대한 관점을 바꾸면, 특정한 손실은 일시적일 뿐이고 부를 쌓는 과정에서 어쩔 수 없이 발생한다는 것을 깨닫게 되어서 미래에 대한 자신감이 커진다.

캐시 우드,
성장 가능성에 투자하다

1955년 미국에서 아일랜드계 이민자 부모 밑에서 태어난 캐시 우드는 맨몸으로 자기 인생을 꾸려가야 하는 환경에서 자라났다. 우드는 "대학에 들어갈 때 매우 두려웠어요"라고 회고했다. "제가 장녀였기 때문에 가족을 책임져야 했어요. 그래서 앞날에 대한 두려움이 상당히 큰 상태로 대학에 진학했죠." 이런 불안감은 1세대 이민자에게 드문 일이 아니었다. 게다가 1970년대의 불확실성으로 인해 상황은 더욱 악화되었다.

인플레이션이 심하고 실업률이 높은 시기였다. 우드의 가족은 재정적으로 힘들었기에 우드는 대학 시절 내내 등록금을 마련하기 위해 슈퍼마켓과 식당에서 일했다. "난 원래 지질학이나 천문학, 공학을 전공할 생각이었어요." 하지만 그의 아버지는 은근히 경제학을 권했고, 우드도 경제학을 공부하면 재정적으로 안정될 방법을 찾을 수 있을 것이라고 생각했다.

우드는 서던캘리포니아대학에 재학 중일 때 만난 경제학 교수 아트 래퍼Art Laffer 덕에 경제학에 대한 관심이 커졌다. 우드의 멘토가 된 래퍼 교수는 대학원 수준의 수업을 들어보라고 권했다. 그리고 1977년에 3학년인 우드가 장기 비전과 연구로 명성이 높은 캐피털 그룹Capital Group 인턴 사원으로 근무할 수 있게 도와줬다. 우드에게 주어진 첫 업무는 20년 뒤 홍콩은 어떤 모습일지 예측해 보는 것이었다. 우드는 업무를 수행하다가 중요한 '깨달음의 순간'을 맞이했다. 세상을 바라보는 관점이 바뀐 것이다. "그렇게 장기 비전에 집중하는 일에 매료되었어요. '그래, 내가 하고 싶은 일이 바로 이거야'라고 생각했죠."

인턴이었던 우드는 캐피털 그룹의 보조 경제 분석가가 되어 풀타임으로 일하면서 동시에 서던캘리포니아대학에서 공부를 계속했다. 1981년 우드는 재무경제학 학사 학위를 받았고 수석으로 졸업했다.

이후 우드는 뉴욕에 있는 글로벌 자산운용사 제니슨 어소시에이츠로 옮겨 자산 관리자로 일했다. 여기서 18년간 재직하면서 수석 경제 분석가 겸 전무이사 자리까지 올랐다. 그렇게 20년간 조직 내에서 출세 가도를 달린 우드는 직접 회사를 차리기로 했다. 1998년, 우드는 제니슨 어소시에이츠 동료였던 루루 왕Lulu Wang과 함께 헤지펀드 회사 투펠로 캐피털Tupelo Capital을 설립했다. 닷컴 붐이 한창이던 90년대 후반, 인터넷 기업의 주식이 기하급수적으로 성장하고 있었다. 대중이 월드와이드웹에 대해 자세히 알게 되면서 투자자들도 인터넷 주식에 대한 관심이 커졌다. 하지만 이로 인해 시장에 거품이 발생하면서 2000년에 대폭락하고 말았다.

이 대폭락은 투펠로 캐피털을 포함한 거의 모든 성장 투자자와 금융 자산 관리자에게 영향을 미쳤다. 미국 증권거래위원회 자료에 따르면, 2000년 1분기에는 투펠로의 총 운용자산이 13억 달러 정도였는데 2001년 초에는 약 2억 달러로 줄어들었다. 85퍼센트의 손실을 본 것이다. 그해 우드는 자기가 설립한 펀드사를 떠나 글로벌 자산 관리 회사인 얼라이언스번스타인AllianceBernstein에 합류하기로 결정했다.

우드는 회사에서 다양한 유형의 자금을 관리했는데, 그중에서도 가장 열정을 쏟은 건 시장을 뒤흔드는 혁신적인 기술 기업 쪽이었다. 하지만 이곳에서는 장기적인 관점을 가진 프로젝트에 투자하는 능력을 키우기 어렵다는 사실을 깨달았다. 얼라이언스번스타인 같은 주요 자산 운용사에는 두 가지 목표가 있다. 이들은 고객의 수탁자 역할을 하는데, 이 말은 곧 고객에게 최선의 이익이 돌아가도록 행동해야 하는 법적·윤리적 의무가 있다는 뜻이다. 하지만 그와 동시에 자산 운용사는 수익 증대가 목표인 영리 조직이다. 이런 역학 관계 때문에 주로 단기 이익에 치중하게 되는데, 이는 우드가 추구하는 투자 철학과 맞지 않았다.

2012년, 우드는 대중들이 쉽게 접근할 수 있는 ETF를 통해 혁신적인 기술 기업에 투자한다는 아이디어를 생각해 냈다. 혁신 기술에 투자하면 일반적으로 단기(1~2년) 수익을 얻을 수 없다. 우드는 5년 안에 양의 수익률을 올릴 잠재력이 있는 회사에 투자하자며, 자신의 아이디어를 얼라이언스번스타인 경영진에 제안했다. 하지만 예상대로 거부당했다.

2년 뒤인 2014년, 우드는 자신이 제안한 전략을 직접 실행해 보기로 결심하고 아크인베스트ARK Invest라는 투자 운용사를 설립했다. 아크인베스트는 인공 지능, 유전자 편집, 로봇공학, 암호화폐 같은 선도적인 분야의 신규 기업에 투자하는 데 집중했다. 스타트업과 새로운 산업 분야는 실패할 가능성이 높아서 전통적인 자산 운용사는 대개 이들을 기피한다. 기술 기업들이 대거 상장되어 있는 것으로 유명한 나스닥 분석에 따르면, 상장 기업 중 80퍼센트가 수익을 올리지 못한다고 한다.

우드는 아크인베스트를 설립했을 때 자사 웹사이트와 회원들에게 보내는 이메일을 통해 날마다 거래 내역을 공개했다. 이런 투명성은 매 분기 말에만 증권거래위원회에 보유 자산을 공개할 의무가 있는 주요 헤지펀드와 극명하게 대조되었다. 이런 전략을 통해 우드는 자신이 투자하는 많은 회사가 갖고 있는 목표, 즉 전통적인 산업의 투명성을 향상시키려는 목표를 추구했다.

헤지펀드는 경쟁사들이 프런트런front-run(고객이 대량 주문을 실행하기 전에 트레이더가 비공개 정보를 이용해 주식을 매매하는 비윤리적인 관행 - 옮긴이)을 하거나 자신들이 선택한 주식을 '공매'하는 걸 원치 않기 때문에 정보를 투명하게 공개하지 않으려고 한다. 이는 다른 많은 투자자들도 마찬가지다. 이들은 다른 사람이 달라붙으면 계획했던 투자 전략이 제대로 작동하지 않을까 봐 걱정한다. 하지만 아크인베스트는 사람들이 어떤 일에 대해 알면 알수록 더 좋다며 그와 반대되는 접근 방식을 취한다.

우드의 예상대로 그의 전략은 즉각 효과를 발휘하지는 못했다. 아크인베스트를 설립한 지 2년 뒤인 2016년, 우드의 핵심 펀드인 이노베이션 ETF(Innovation ETF, 티커 기호 ARKK)는 음의negative 연수익률을 기록했다. 같은 해 이 펀드의 가치가 2퍼센트 하락한 반면, S&P 500 지수는 12퍼센트 상승했다. 14퍼센트의 실적 차이가 난 것인데, 이는 상당히 큰 폭이다.

상황이 악화되어 아무도 자신에게 돈을 맡기려고 하지 않자, 우드는 더 많은 자본을 유치하려고 여러 회사에 접근했다. 심지어 판매사가 지배주를 매입할 수 있는 옵션을 제공하는 계약서에 서명하기도 했고, 이 때문에 우드의 소유권이 위험한 상황에 처했다. 판매사가 우드의 주식을 매수한다면 우드의 회사가 적대적으로 인수될 수도 있었기 때문이다. 하지만 그는 필요한 자본을 조달하기 위해 위험을 감수했다. 우드는 사업을 계속 유지하려고 2016년 말까지 자기 돈 500만 달러 이상을 펀드에 투자했다. 이때까지 펀드의 실적은 저조했지만, 우드는 자신이 올바른 길을 가고 있다고 믿었다.

이듬해인 2017년, 아크인베스트의 핵심 펀드 지수가 87퍼센트 이상 상승했다. 이 펀드는 2018년에는 3.5퍼센트의 수익률을 기록했지만, 이듬해에 다시 탄력을 받으면서 2019년에는 35퍼센트의 수익률로 마감했다.

우드의 가장 큰 약진은 2020년에 이뤄졌다. 152퍼센트가 넘는 기록적인 상승률을 달성한 것이다. 비교를 위해 말해두자면, 같은 해에 S&P 500 지수는 18퍼센트의 '변변찮은' 상승률을 기록했다. 우드는 시장 대비 엄청난 성과를 거두었고, 마침내 언론에서도 많은 찬사를 받았다. 2016년에 수백만 달러 규모였던 펀드가 2020년에는 36억 달러로 성장했다. 언론에 자주 등장하면서 한층 더 탄력을 받은 아크인베스트의 규모와 인기는 계속 커졌다. 2021년 초에는 아크인베스트의 총 운용자산이 500억 달러에 달했다. 2022년에 약세장이 시작돼 시장 주가가 20퍼센트 이상 하락했을 때도 우드는 더 이상 돈을 구하려고 여기저기 문을 두드릴 필요가 없었다. 이제는 투자자들이 계속 그를 찾아왔다.

2022년에 기술 기업들이 하락세를 겪자 우드를 비판하는 사람들은 그의 펀드도 종말을 맞이할 것이라고 예측했다. 하지만 우드는 자신의 핵심 펀드가 그해에 67퍼센트 하락했음에도 기존 전략을 고수했다. 2022년 12월에 올린 트윗에서는 팔로워들에게 아크인베스트가 "기하급수적이고 수익성 높은 장기 성장을 위해 단기 수익을 희생하고 있다"고 말했다. 인턴 사원 시절부터 우드는 항상 투자에 대한 장기적인 관점을 유지했다. 급격한 시장 변동도 그의 전략에 영향을 주지 못했다.

손실에 대처하는
3단계

우드는 경력 내내 혁신 기업에 대한 열정을 보여왔다. 테슬라에 거액을 투자한 일은 이를 증명하는 완벽한 예시다. 2018년, 테슬라의 주가가 큰 폭으로 하락했다.

당시 테슬라는 주당 약 22달러에 거래되었다. 하지만 우드는 대담하게도 5년 안에 테슬라 주식이 260달러 선까지 급등할 것이라고 말했다. 상승 잠재력이 1,200퍼센트나 된다고 예측한 것이다. 1년 뒤, 테슬라 주가가 41퍼센트 하락하자 우드의 예측을 의심하는 이들이 많아졌다. 하지만 우드가 예측한 시기보다 2년 빠른 2021년 1월, 테슬라 주가가 상승했다. 예측 당시보다 1,900퍼센트 오른 408달러를 기록했다.

우드의 펀드나 그가 선호하는 주식 중 하나가 하락할 때마다 언론은 아크인베스트가 얼마나 손실을 입었는지 강조하면서 우드의 투자 이론에 의문을 제기했다. 하지만 우드는 단기 손실이나 대중의 의심에 자신의 장기 전략이 영향받지 않도록 배웠다.

대부분의 사람들은 주식시장에서 손실을 입으면 조심스럽게 투자하는 경향을 보이고 다시는 그런 일이 일어나지 않기를 바란다. 마치 불을 처음 만져본 다음, 고통을 피하려고 조심하는 법을 배운 어린아이처럼 행동하는 것이다. 그러나 장기적인 부를 쌓고 싶다면 이런 회피 성향을 극복해야 한다.

우드처럼 극단적인 조치를 취할 필요까지는 없지만 기복에 익숙해져야 한다. 일반적으로 주식시장은 해마다 여러 차례의 '하향' 또는 '조정'을 겪으며 그때마다 5~10퍼센트, 10~20퍼센트 정도씩 하락한다. 스토아주의자는 이런 손실을 마음 편히 받아들여야 한다. 이는 자연스러운 현상이다. 우리는 자연적인 변동을 좋거나 나쁘다고 여기지 않는다. 그저 바라볼 뿐이다. 단기 손실도 그래야만 한다.

과거의 손실 때문에 의사결정에 영향을 받는 것은 최악의 일이다. 돈을 지키려고 예방 가능한 실수를 피하는 건 물론 좋다. 하지만 돈을 잃는 것이 너무 두려운 나머지 투자를 중단하는 것은 최선의 방법이 아니다. 장기적으로 볼 때 성과가 저조한 적이 없었던 S&P 500에 투자할 때는 특히 그렇다. 지나치게 빨리 매도하면 손실이 지속될 뿐이다.

단기 손실에 대한 불편한 기분을 이겨내려면 일시적인 좌절을 받아들이는 기술을 개발해야 한다. 비합리적인 일을 하고 싶은 충동이 들 때 금욕적인 태도를 유지하려면, 자기 인식과 정신적인 신호를 생성하는 능력이 필요하다. 다음의 세 가지 단계가 회복력을 키우고 손실을 좀 더 편안한 마음으로 받아들이는 데 도움이 될 것이다.

1단계 시장이 폭락해도 초조해 하지 마라

마르쿠스 아우렐리우스는 《명상록》에서 자기가 존경하는 이들에게서 배운 교훈에 대해 이야기한다. 그중 한 명은 그의 양아버지 안토니누스 피우스인데, 그는 서기 2세기에 로마 제국을 다스린 '5현제(다섯 명의 현명한 황제)' 중 한 명으로 유명하다. 그는 재위 기간 동안 한 번의 병력을 파견하지 않고도 평화를 지켰다.

마르쿠스는 자신의 양아버지에 대해 이렇게 썼다. "그분은 결코 무례한 모습을 보이지 않았고, 자제력을 잃거나 폭력적으로 변한 적도 없다. 그분이 초조해하는 모습을 본 사람은 아무도 없었다. 매사를 충분히 고려한 뒤 논리적으로 접근했고, 차분하고 예의 바르면서도 단호한 태도를 취해 미진한 부분이 없게 했다." 이는 우리 모두가 본받아야 할 훌륭한 모범이다. 안토니누스 피우스처럼 우리도 특히 다른 사람들 앞에서 침착하고 절제된 모습을 보이려고 노력해야 한다.

우리는 다른 이들 앞에서 취할 행동에 대해 높은 기준을 정해두면 그 기준에 따르려는 경향이 있다. 이는 인간의 독특한 특성이다. 우리는 혼자 있거나 가족과 함께 있을 때 하는 행동과 낯선 사람이나 지인 앞에 있을 때 하는 행동이 다른 경우가 많다. 공공장소에서는 비합리적인 행동을 자제하는 반면, 사적인 장소에서는 그렇게 행동하기도 한다. 하지만 스토아주의자들에게 이는 올바른 삶의 방식이 아니었다. 그들은 삶의 모든 상황에서 항상 같은 모습을 보여야 한다고 믿었다.

생각해 보자. 우리는 남들 앞에서는 사소한 불편을 그냥 넘기곤 한다. 직장에서는 다른 사람의 행동에 더 관대해서 동료가 테이블에 커피를 쏟아도 "괜찮아요!"라고 말한다. 하지만 배우자나 가족이 집에서 그런 행동을 하면 어이없다는 표정을 짓거나 비난조의 말을 하기도 한다. 스토아학파는 일관성 있는 행동을 목표로 삼았다. 동료에게 실수에 대해 괜찮다고 말했다면, 배우자나 가족에게도 똑같이 말해야 한다. 이를 기반으로 추론해 보면, 사소한 일로 초조해하는 모습을 다른 사람들에게 보이지 않는 것으로 침착한 태도를 유지하는 연습을 시작할 수 있다.

시장이 하락할 때 누군가가 "이번 약세장에 대해 어떻게 생각하세요? 돈을 얼마나 잃으셨나요?"라고 물어본다고 가정해 보자. 이때 "몇천 달러 정도 잃었지만, 그래도 이건 일시적인 상황이라고 생각해요. S&P 500은 항상 회복되잖아요. 전 위험 자산도 없어요. 걱정할 필요가 없죠. 이런 상황에는 이미 익숙해요"라고 말하는 걸 상상해 보자. 걱정을 털어버리고 사소한 일처럼 취급하는 것이다. '지금 팔고 나가면 적어도 더 이상 기분이 나빠지는 않을 거야'라고 생각하는 게 일반적이긴 하다. 하지만 그렇게 행동하는 건 답이 아니다. 우드가 어떻게 했는지 떠올려 보자.

주식시장 조정이 이루어지던 시기에 우드가 한 인터뷰를 보면, 세상일에 무심한 평온한 투자자가 게임의 정점에 서 있는 모습을 볼 수 있다. 하지만 솔직히, 우드도 속으로는 돈을 잃은 다른 사람들처럼 기분이 좋지는 않았을 것이다. 100달러를 잃든 10억 달러를 잃든 손해가 뼈아프게 느껴지는 건 대부분 다 마찬가지다. 하지만 모든 게 괜찮다고 말하다 보면 어느샌가 자기 말을 믿게 되고, 단기적인 S&P 500 지수 하락을 계속 합리화하다 보면 결국 포트폴리오 변동에 익숙해진다.

2단계 시장이 폭락할 때는 아무것도 하지 마라

세네카는 친구 루킬리우스와 주고받은 한 서신에서, 어느 날 빵집에 갔더니 빵이 다 팔리고 없더라는 얘기를 했다. 세네카가 너무 늦게 간 것이다. "빵집에는 빵이 없는데 토지 관리인과 문지기, 세입자는 빵을 갖고 있더군. 그런데 다들 '맛없는 빵!'이라며 투덜대지 뭔가." 세네카는 빵을 손에 넣은 사람들이 금세 불평을 늘어놓는 것에 대해 말했다. 그들은 배가 고프지 않았기에 빵의 진가를 깨닫지 못했다. "이럴 때는 잠깐 기다리면 빵 맛이 좋아질 것이네. 배고픔이 그 빵을 부드럽고 본연 그대로의 맛으로 바꿔줄 테니까 말일세. 그러니 허기가 느껴지기 전에는 먹지 말아야 한다네. 나 같으면 맛없다고 거부하지 않고 맛있게 느껴질 때까지 기다리겠네. 상황에 좀 익숙해져야 하지. 때로는 아무리 부유하고 준비가 잘된 사람이라도 장소와 시간상의 문제 때문에 뭔가가 잘못되는 경우가 생기는 법이거든."

S&P 500 지수의 역사를 살펴보면, 주식 거래일의 50~60퍼센트는 녹색으로 마감되었다. 이는 언제 주식 계좌를 개설하든 포트폴리오가 상승할 가능성이 더 높다는 뜻이다. 주식시장은 연중 대부분 상승세를 타기 때문에 강세장일 때는 특히 이런 상황에 익숙해진다.

세네카가 친구에게 말했듯이 약간 힘든 상황에도 익숙해져야 한다. 삶이 편하면 우리는 빨리 좌절한다. 배가 부를 때는 그저 그런 빵을 먹을 마음이 들지 않는다. 하지만 하루 넘게 아무것도 먹지 못해서 배가 고프다면 똑같은 빵이라도 정말 맛있게 느껴질 것이다.

투자도 마찬가지다. 장기간에 걸쳐 포트폴리오가 상승하는 것만 봐왔다면 하락하는 모습을 견딜 수 없을 것이다. 하지만 돈이 아예 없는 상태라면 어떻겠는가? 액수가 얼마가 됐든 돈을 가지려고 할 것이다. 세네카가 인생의 모든 것은 관점에 달려 있다는 걸 친구에게 상기시켰듯이, 우리도 장기 투자를 하려면 간혹 돈을 잃는 게 나쁜 일이 아니라는 사실을 되새겨야 한다. 당신은 파산한 게 아니다. 여전히 수입이 있고, 주식 포트폴리오도 없어지지 않고 그대로 남아 있다. 물론 어제보다 돈이 줄었을 수는 있지만 그렇다고 배를 곯을 정도는 아니다. 이렇게 생각하는 것이 시장이 하락하기 시작할 때 침착한 태도를 유지하는 비결이다.

2008년 금융위기나 2020년 코로나19 상황 때처럼 시장이 폭락 중이면 '다우지수가 3,000포인트 하락해 1929년 이후 최악의 날을 맞았다'와 같은 속보가 날아오기도 한다. 아무리 침착한 투자자라도 이렇게 두려움을 유발하는 헤드라인을 읽으면 겁이 날 수밖에 없다. 하지만 이럴 때 어리석게 굴어서는 안 된다. 문제가 너무 많아서 팔고 싶은 충동을 느낄 수도 있다. 하지만 스토아 철학에 입각한 투자자는 걱정할 필요가 없다는 것을 알고 있다.

포트폴리오를 무너뜨리는 전 세계적인 사건이 벌어졌을 때는 전략을 변경해 봤자 의미가 없다. 그리고 이런 사건은 앞으로도 여러 번 발생할 것이다. 이건 '만약 ~한다면'의 문제가 아니다. 우리는 사는 동안 심한 폭락을 여러 번 겪을 것이다. 이런 폭락은 특히 30년간 투자를 계속해서 상당한 부를 쌓았을 때 큰 타격을 준다. 하루에 30만 달러를 잃는다면 어떻게 하겠는가? 아무것도 하지 말아야 한다.

스토아학파처럼 우리도 항상 사물을 올바른 시각으로 바라봐야 한다. 그러면 두려움이 사라질 것이다. 주식시장이 변해도 전략이 달라져선 안 된다. 여러분은 시장이 어떻게 될지 예측하는 일을 하는 게 아니다.

다음에 또 대폭락이 발생하면 세네카를 기억하자. 우리는 좌절에 익숙하지 않다. 대부분 계속 상승하는 주식시장을 보는 데 익숙하다. 하지만 당신은 파산하지 않았으며 생활비를 마련하기 위해 투자금에 의지할 필요도 없다. 그냥 상황이 끝날 때까지 기다리기만 하면 된다.

3단계 가능하면 더 많이 투자하라

주식시장이 3개월간 하락했다고 가정해 보자. 이 때문에 포트폴리오 가치가 전년 대비 15퍼센트 하락했지만 당신은 차분하게 대처하고 있다. 동시에 시장 가격도 3개월 전보다 낮아졌다는 사실도 깨달았다. 좋아하는 치약이 세일 중이라면 평소보다 많이 사둘 것이다. 장기 투자자라면 주식시장에서도 마찬가지일 것이다. 자산 가격이 하락하면 평소보다 낮은 가격으로 사들일 수 있다.

하지만 자금 내에서만 사야 한다. 치약이 세일 중이라는 이유만으로 치약을 사려고 돈을 빌리는 사람은 없다. 그냥 다음 달까지 기다렸다가 정상 가격에 구매할 것이다.

우드는 자기가 소유한 주식이 뚜렷한 이유 없이 하락할 경우(성장주에서 흔히 발생하는 현상이다), 여분의 현금이 있으면 똑같은 주식을 추가 매수한다. 2023년 초에 테슬라와 코인베이스의 주가가 하락하자 우드는 각각 4,200만 달러와 2,200만 달러어치를 더 사들였다. 하지만 이 주식들은 전년도에도 하락한 적이 있다. 우드는 주가가 하락할 때마다 사는 게 아니라, 여분의 현금이 있고 좋아하는 주식을 더 낮은 가격에 매수할 기회가 있을 때만 산다.

S&P 500 지수가 10퍼센트 이상 하락할 때 금전적인 여유가 있다면 그 현금을 이용해서 더 많은 투자를 할 수 있다. 4년에 한 번 정도씩 발생하는 약세장(시장이 20퍼센트 이상 하락하는 경우)에도 동일한 전략을 적용해 보자.

증권 컨설턴트라면 더욱 주의해서 일을 진행해야 한다. '떨어지는 칼날'을 잡는 것, 즉 뚜렷한 회복 기미 없이 급격하게 하락하는 주식을 사는 것은 피해야 한다. S&P 500에 포함되지 않은 많은 성장주가 하락세에 빠지는 모습을 보게 될 것이다. 빠르게 하락하는 주식을 매수하는 건 좋은 전략이 아니다.

위험을 무릅쓰고 주식을 고르고 싶다면 적어도 '90 대 10 트레이딩 법칙'이라도 활용하자. 이는 손실을 최소화하기 위해서 내가 만든 전략이다. 자세한 내용은 15장에 나오는데, 기본적인 아이디어는 투자금의 90퍼센트는 S&P 500 같은 지수에 투자하고, 10퍼센트는 좀 더 투기적인 투자에 할당하는 것이다. 그러면 선택한 주식이 잘 풀리지 않아도 영향을 덜 받는다.

수동적인 투자자든 종목 선정가든 상관없이 기회가 있으면 시장이 하락할 때 더 많이 투자해야 한다. 얼마나 많이 투자해야 할까? 더 빨리 부를 쌓고 싶다면 가능한 한 많이 투자하자.

평소 매달 1일에 투자하는데 그달 20일에 시장이 16퍼센트 하락했다고 가정해 보자. 원래는 예금 계좌에 있는 돈으로 새 TV를 사려고 했는데 시장에 돈을 복리로 불릴 기회가 생겼다는 것을 알게 되었다. 소비재를 구입하느냐, 아니면 시장이 하락한 틈을 이용하느냐. 하나를 선택해야 한다면 반드시 후자여야 한다. 갖고 싶긴 하지만 당장 필요하지 않은 제품은 기다렸다 살 수 있지만, 시장은 그렇지 않다.

스토아 철학 속 투자 지혜

고난을 견디면서 용기를 키우고, 쾌락을 멀리하면서 자제력을 키우면 영혼이 강건해진다.

－무소니우스 루푸스

주식시장에 상당한 돈을 투자했다고 가정해 보자. 불과 4일 전까지만 해도 포트폴리오가 35만 달러의 가치가 있었는데 이후 경기 침체 위험이 대두되면서 시장이 하락했다. 첫째 날에는 4퍼센트 하락했고, 둘째 날에는 2퍼센트, 셋째 날에는 1.5퍼센트, 그리고 넷째 날에 또 5퍼센트 하락했다.

일주일도 안 되는 사이에 12.5퍼센트가 하락한 것은 전에도 있던 일이다. 당신 포트폴리오의 가치는 이제 30만 6,250달러가 되었다. 나흘 만에 거의 5만 달러를 잃은 것이다. 그 정도 돈을 잃으면 속이 어떨지 생각해 보자. 어떤 이들에게 그건 1년치 봉급에 해당하는 돈이다. 특히 강세장에서 이런 손실을 입었다면? 이럴 때 기분이 어떨지 자주 떠올려 봐야 한다. 자신이 어떤 식으로 반응하고 얼마나 기분 나쁠지 예상해 보자. 최악의 상황을 미리 그려보면 고통을 완화할 수 있다. 이런 정신 훈련을 해두면 실제로 손실이 발생했을 때를 대비할 수 있다.

투자 전략 되새기기 :

- 손실을 두려워하는 건 당연한 일이다. 그러나 그런 두려움에 사로잡혀서 투자를 하지 않으면 부를 쌓을 수 없다.

- 손실을 마음 편히 받아들이는 능력을 갖추면 더 부유해질 수 있다. 손실이 생겨도 계속 투자해서 투자 상태를 유지해야 한다. 그렇게 계속하기만 해도 시장의 장기적인 상승 움직임에 따라 이익을 보장받을 수 있다.

- 우리 인생과 경력은 길고 손실은 피할 수 없다. 손실을 피하려고 애써봤자 소용없으니 계속 일하면서 투자하는 편이 낫다.

- 잠시 차질이 생기더라도 초조해하는 모습을 내보여선 안 된다. 남들 앞에서 냉정한 태도를 유지하면 그게 결국 자기 성격의 일부가 될 것이다.

- 시장이 폭락한다고 첫날부터 조치를 취해야 한다는 압박감에 굴복해서는 안 된다. 상황을 주시하면서 무슨 일이 생기는지 확인하자. 대개의 경우 시장은 며칠 안에 반등한다. 혹시 그렇지 않다면 투자를 늘리는 것을 고려하는 것도 좋다.

- 시장이 10퍼센트 이상 하락하는 경우, 가능하면 더 많이 투자한다. 여유 현금이 있으면 저축 계좌에 넣어두지 말고 시장에 투자하자.

그렇다고 가진 돈을 다 잃어서는 안 된다

재산이 증가하기 시작하면 더 높은 수익을 올리기 위해 더 많은 위험을 감수하려는 유혹에 빠질 수 있다. 그러나 잠재 이익에 지나치게 초점을 맞추다 보면 종종 영구 손실이 발생하고, 결국 재정 파탄으로 이어진다. 늘어나는 재산을 보호하고 지속적인 성장을 촉진하기 위해서는 되돌릴 수 없을 정도의 심각한 손실은 피해야 한다. 재정이 몰락하는 가장 흔한 원인이 뭔지 알면, 잠재적인 손해가 잠재적인 보상보다 훨씬 크다는 것을 깨닫고 불필요한 위험을 피할 수 있다. 손실 방지가 지속적인 성장의 열쇠다.

에드워드 소프,
월스트리트 최초의 퀀트 투자자가 되다

카지노에 가본 사람은 카지노 운영자가 항상 이긴다는 걸 안다. 그래서 대부분의 사람들은 돈을 따려고 라스베이거스에 가는 것이 아니다. 그냥 즐거운 시간을 보내려고 간다. 그러나 수학자 에드워드 소프는 카지노를 돈벌이가 가능한 장소로 여겼다.

1932년에 태어난 소프는 1958년에 UCLA에서 수학 박사 학위를 받았다. 그리고 1961년까지 MIT에 근무하면서 '정보 이론의 아버지'인 클로드 섀넌과 긴밀히 협력했다. 섀넌의 수학 이론은 오늘날 세계 전체를 아우르는 전자 통신 네트워크의 토대를 마련했다.

소프가 세상 모든 것을 수학 방정식에 대입해서 생각한 것은 당연한 일이다. 그의 관점에서 볼 때, 21이라고도 불리는 블랙잭 게임은 순전히 운의 게임이 아니라 이길 수 있는 수학 문제였다.

소프가 1961년에 〈21을 위한 유리한 전략A Favorable Strategy for 21〉이라는 동료 평가가 완료된 논문peer-reviewed journal에서 이런 의견을 대담하게 제시하자, 신문사들은 재빠르게 이를 전했다. 카지노 운영자와 직원들은 당연히 소프의 말을 믿지 않았다. 텔레비전에 출연해 소프가 만든 시스템을 조롱한 카지노 대변인도 있었다. "물론 양이 도살장에 가서 도살업자를 죽일 수도 있다. 하지만 우리는 항상 도살업자 쪽에 돈을 건다"고 그 대변인은 말했다.

소프의 주장을 들은 한 부유한 도박꾼은 그의 트릭을 배우고 싶어서 1만 달러를 줄 테니 리노에 와서 카지노를 이겨보라고 제안했다. 소프는 그 여행길에서 도박꾼에게 받은 1만 달러를 갚고 나서도 1만 1,000달러를 더 챙길 수 있었다. 처음 걸었던 돈보다 두 배 이상 많은 돈을 딴 것이다.

소프는 자신의 시스템을 완성하고, 1966년에 부정행위 없이 블랙잭에서 이길 수 있는 전략을 담은《딜러를 이겨라》라는 책을 출간했다. 이 책이 큰 성공을 거두면서 미국 전역에 '블랙잭 열풍'이 불었다. 사람들은 소프가 자기 이론을 실행해 실제로 돈을 벌었다는 사실에 매료되었다. 이 경험은 소프에게 중요한 교훈을 안겨주었다. 어떤 게임에서 우위를 점하고 있는 경우, 오랫동안 플레이하기만 하면 이길 수 있다는 것. 만약 지더라도 지금까지 딴 금액에 비해 적은 금액만 잃을 것이다. 소프는 게임을 진지하게 여기지 않고 술에 취해 감정에 휘둘리는 다른 카지노 플레이어처럼 완패하지 않았다. 확률이 자기 편일 때는 큰 금액을 베팅하고, 그렇지 않을 때는 소액만 베팅했다. 그가 세운 목표는 1년치 연봉 이상의 돈을 따서 집에 돌아가는 것이었다(당시 그는 대학 교수였다).

"감정적으로 편안한 수준에서만 베팅하고, 준비가 될 때까지 진행하지 않는다는 계획 덕분에 차분하고도 절도 있는 정확성으로 내 시스템을 실행할 수 있었다"고 소프는 회상했다.

《딜러를 이겨라》를 통해 많은 사람이 카드 계산법을 배우자, 카지노 측에서는 규칙을 바꿔 멀티덱 블랙잭을 도입했다. 이로 인해 소프의 카드 계산 시스템은 무력화되었다. 시간이 지나자 카지노는 카드를 카운팅하는 사람들을 단속하기 시작했다.

소프는 이제 블랙잭 시대가 끝났다는 것을 알았다. 그는 라스베이거스를 떠나 그가 '지구상에서 가장 큰 도박장'이라고 불렀던 월스트리트로 향했다. 그는 블랙잭 게임에서 했던 일을 주식시장에서도 하고 싶었다. 1969년, 소프는 대학 교수를 그만두고 증권 트레이더들과 협력해 프린스턴 뉴포트 파트너스Princeton Newport Partners라는 헤지펀드를 설립했다.

소프가 처음 매입한 주식은 포드와 같은 자동차 회사를 위해 자동차 배터리를 생산하는 일렉트릭 오토라이트Electric Autolite라는 회사의 주식이었다. 뉴스에서 일렉트릭 오토라이트에 대한 긍정적인 평가 내용을 본 소프는 블랙잭 상금과 책 판매금 일부를 사용해 주식을 매입하기로 했다. 그는 주당 40달러에 100주를 샀는데 2년 사이에 주가가 20달러까지 하락했다.

소프는 투자금 4,000달러의 절반을 잃었다. 돈을 잃은 도박꾼들처럼 그도 돈을 다시 벌 때까지 게임을 계속하겠다고 고집했고, 주식이 원래 가격으로 돌아올 때까지 매달렸다. 일렉트릭 오토라이트의 주가가 소프가 원래 샀던 가격으로 다시 오르기까지는 4년이 걸렸다. 그 기간 동안 S&P 500 지수는 더 높은 수익률을 기록했고, 이를 본 소프는 자기가 게임에서 이기지 못했다는 것을 깨달았다. 소프는 4년 만에 간신히 원금을 회수했지만 같은 기간(1969~1973년)에 S&P 500 지수는 16퍼센트 상승했다.

소프는 아내 비비안에게 "내가 무슨 실수를 저지른 거지?"라고 물었다. 소프는 자기 일을 아내와 자주 상의했다. 비비안은 그가 스스로도 이해하지 못하는 게임을 하고 있다고 직설적으로 말했다. 그 지적은 옳았다. 소프는 월스트리트에 적응하지 못했다. 그는 블랙잭을 하면서 배운 몇 가지 교훈을 떠올렸다. ① 지금 하는 게임을 제대로 이해해야 한다. ② 확률이 내 편일 때 큰돈을 걸 수 있을 정도로 게임에 오랫동안 참여한다. ③ 손실을 예상한다. 그는 주식 투자를 시작할 때 이 규칙을 따르지 않았다. 소프는 이때부터 전략을 조정해서 본인이 정한 규칙에 따라 좀 더 엄격하게 투자하기 시작했다.

6년 뒤인 1975년, 소프는 백만장자가 되었다. 투자 업계에서 소프의 이름이 유명해지면서 그는 더 많은 업계 사람들을 만났다. 개중에는 '도덕적 나침반이 부족한 것 같은' 사람들이 있다는 사실도 깨달았다. 소프는 어느 날 이런 사람들 중 한 명을 비비안에게 소개했다. 비비안은 소프에게 그 사람을 믿어선 안 된다고 말했다. 소프가 이유를 물었더니 "운전하는 방식만 봐도 욕심이 많다는 걸 알 수 있어요"라고 대답했다.

소프는 월스트리트 최초의 '퀀트' 투자자, 즉 수학에 기반하여 결정을 내리는 투자자였지만, 금융업이 단지 숫자뿐만이 아니라 어떤 사람과 관계를 맺느냐도 중요하다는 점을 알았다. 그는 신뢰할 수 없는 사람과 회사를 피함으로써 결국 금전 손실도 피했다.

1994년에 존 메리웨더라는 유명한 트레이더가 1997년에 노벨 경제학상을 받게 될 인물 두 명과 함께 롱텀 캐피털 매니지먼트Long-Term Capital Management, LTCM라는 헤지펀드를 설립했는데, 유명한 학자와 베테랑 트레이더를 비롯해 무한책임 투자자가 열여섯 명이나 참여했다. 여기에는 전 연준 부의장도 포함되어 있었다. 미국의 주요 투자 은행 대부분이 이 펀드에 투자했다. 헤지펀드 업계에서는 이런 일이 드물지 않다. 하지만 LTCM은 일반적으로 헤지펀드에 투자하지 않는 이탈리아, 싱가포르, 대만, 태국의 중앙은행 자금까지 확보했다.

어느 날 LTCM 사람들이 소프에게 접근해 자기네 펀드에 투자하지 않겠느냐고 물었다. 당시 LTCM은 뛰어난 수익률 덕에 월스트리트에서 가장 인기 있는 펀드였다. 첫해에 21퍼센트, 두 번째 해에 43퍼센트, 세 번째 해에 41퍼센트의 수익률(수수료 제외)을 달성했다. 그러나 이 펀드를 조금 조사해 본 소프는 그런 수익률이 지속될 것 같지 않다고 생각했다. 게다가 주요 파트너 중 한 명인 메리웨더의 성격이 미덥지 않았다. "메리웨더는 살로몬 브러더스에서 상당한 위험을 무릅쓴 경력이 있다"라고 소프는 말했다. "내가 보기에 이 파트너십 이론가들은 '세상 물정에 밝지 못하고' 실제 투자 경험도 부족했다." 결국 소프는 그들의 제안을 거절했다.

1998년, 설립한 지 불과 4년 만에 LTCM의 투자가 급감했다. 이 펀드는 몇 주 만에 자본금의 90퍼센트 가까이를 잃으면서 세계 금융업계에 큰 파장을 일으켰다. 그렇지만 LTCM은 '대마불사'를 이유로 구제금융을 받았고, 이는 2008년 금융위기의 전조가 되었다.

연준은 세계 시장에 피해를 주지 않고 이 펀드를 청산하기 위해 다른 금융기관과 합의를 중재했다. 역사상 가장 규모가 큰 헤지펀드가 실패한 지 1년 후, 메리웨더와 다른 네 명의 파트너들은 거만하게도 JWM파트너스라는 또 다른 헤지펀드를 설립했다.

JWM파트너스도 2009년에 금융위기 여파로 무너졌다. 2010년에 메리웨더는 또 다른 헤지펀드를 시작했고, 이 사이클은 계속 이어졌다. 이는 소프가 "앞면이 나오면 우리가 이기고, 뒷면이 나오면 당신이 진다"고 비꼬았던 관행이다. 헤지펀드 매니저들은 수익이 나든 안 나든 상관없이 운용 수수료를 통해 돈을 번다. 펀드 성과가 저조하면 관리자는 해당 펀드를 폐쇄하고 새로운 펀드를 시작할 수 있다. 이에 반해 투자자들은 손실을 감수해야 한다. 그런데 소프의 전체적인 전략은 손실을 피하는 것이었다.

소프는 개인 투자를 시작한 이후 연평균 약 20퍼센트의 수익률을 올렸고 한 번도 손실을 본 적이 없다고 보고했다. 그와 비비안은 여생을 편안히 지낼 수 있을 만큼 충분한 돈을 벌었다고 판단했다. 소프는 "월스트리트에서 말하는 성공은 돈을 가장 많이 버는 것이지만, 우리가 생각하는 성공은 최고의 삶을 사는 것이다"라고 말했다.

건전한 투자를 위한
스토아주의의 세 가지 규칙

　지수 선물, 주식 옵션, 암호화폐 같은 위험 자산을 사고팔 때는 거래할 때마다 영구적인 이익 또는 영구적인 손실을 경험하게 된다. 이런 이원적인 결과는 투자와 큰 차이가 있다. 건실한 기업의 주식처럼 기본적 가치가 있는 자산에 투자하면, 폭락장에 너무 일찍 매도하거나 회사가 파산하는 경우에만 영구적인 손실이 발생한다. 전자는 투자자의 행동 때문에 자주 발생하지만, 확실히 자리 잡은 수익성 있는 회사의 경우 후자는 매우 드물게 발생한다.

　LTCM이 소프에게 접근했을 때, 소프는 잠재적인 상승 요인보다는 파괴적인 영향을 미칠 수도 있는 잠재적 손실 요인을 살펴봤다. 한 가지 큰 실수로 인해 LTCM이 몰락한 것처럼 보이지만, 사실 이 헤지펀드는 여러 가지 실수를 저질렀다. 높은 수익률을 통해 돈을 양의 복리로 불릴 수 있는 것처럼, 음의 복리로 돈을 잃을 수도 있다. 이런 작은 손실이 거대한 부의 파괴로 이어진다. 단 한 번 잘못된 투자로 전 재산을 잃는 투자자는 거의 없다. 대부분 일련의 나쁜 결정 때문에 재산을 잃는다.

　스토아 철학의 신념을 따른 로마 시인 유베날리스는 "갑자기 타락하는 사람은 없다"라고 말했다. 사람들의 삶이 파괴되는 것은 한 가지 나쁜 결정 때문이 아니라, 오랜 시간 동안 이어진 수많은 나쁜

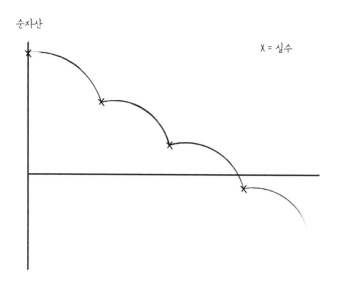

순자산

X = 실수

손실로 이어지는 일련의 실수는 시간이 지나면서 점점 누적된다. 손실이 생길 때마다 순자산은 계속 감소하고, 0 이하(음의 순자산)로 내려갈 가능성도 있다.

결정 때문이다.

소프의 투자는 실수를 피하는 것을 특징으로 한다. 그는 손실을 피한다는 한 가지 목표에 집중했다. 그는 작은 손실이 쌓이다 보면 어느 순간 너무 많은 것을 잃게 되어 다시는 원래대로 돌아올 수 없다는 것을 깨달았다.

그러면 어떻게 해야 심각한 재정적 타격을 피할 수 있을까? 다음은 건전한 투자를 위한 스토아주의의 세 가지 규칙이다. 이 규칙들이 도움이 될 것이다.

1. 자신이 잘 아는 기업에 투자해라

어떻게 해야 적정한 주식 가격을 알 수 있을까? 이는 투자 전문가와 재무학 교수마다 의견이 다를 정도로 복잡한 문제다. 투자가 과학보다 예술에 가까운 이유도 이 때문이다. 투자자 열 명에게 회사 X의 가치가 얼마인지 물어보면 아마 열 가지 다른 답이 나올 것이다. 투자를 판단하는 보편적인 방법은 없기 때문에 가치 평가 모델을 선택해야 한다. 가장 인기 있는 모델은 기업의 주가수익율(P/E)을 보는 것인데, 기업의 현재 시장 가치를 주당순이익(EPS)과 비교하여 측정한다. 간단히 말해, P/E가 높으면 회사가 과대평가되었다는 뜻이고, P/E가 낮으면 회사가 과소평가되었다는 뜻이다. 그러나 P/E가 가장 높은 주식은 일반적으로 가격이 가장 빠르게 오르기 때문에 가치 평가 모델은 단기적인 주가 움직임에 대해서는 아무것도 알려주지 않는다.

소프 같은 투자자는 매수 주식 가격을 결정하기 위해 조사에 수많은 시간을 들이는 것으로 유명하다. 주식 가치를 결정하는 요인은 너무 많아서 매년 수백 명의 사람들이 이에 관한 책을 쓴다. 그들은 가치 평가 기술을 배우면 좋은 투자를 할 수 있다고 생각한다.

하지만 대부분의 사람들은 매일 몇 시간씩 주식을 평가하려고 하지 않는다. 기업의 대차대조표와 연례 보고서를 읽을 열정이나 흥미도 없다. 해당 업계에서 어떤 성과를 내고 있는지, 전망이 어떤지 신경 쓰지 않는다. CEO가 누구고 기업 가치가 어떤지도 모른다. 그런데도 자기가 그 회사 제품을 쓰고 있다거나 뉴스에 나왔다는 이유만으로 주식을 사는 사람들이 많다. 투자자들은 이를 두고 '유행에 따른' 혹은 '화려한' 주식 매수라고 부른다. 기업 공개를 통해 최근 상장된 회사의 주식을 사는 경우도 있다. 이런 신규 상장 회사들은 대부분 첫해에 시장 평균보다 훨씬 저조한 실적을 올린다. 뉴스에 자주 등장하는 이런 인기 주식은 피하는 게 좋다.

좋은 자산에 공정한 가격을 지불하는 것이 장기 투자다. S&P 500에 투자하는 경우가 바로 그렇다. 투자 커뮤니티에서 다들 동의하는 한 가지 이론이 '효율적 시장 가설'이다. 주식시장은 수백만 명의 참여자가 저평가된 주식을 사고 고평가된 주식을 팔기 때문에 항상 공정한 가격이 형성된다는 논리다. 그 결과, 균형 상태가 이루어진다. 그렇다고 주식시장이 매일 효율적으로 움직이는 것은 아니다. 사실 일별 주식 차트를 확인하다가 연준 이사회 의장이 엉뚱한 발언을 하는 바람에 주가가 5퍼센트씩 하락하는 모습을 보면 시장이 효율성과는 거리가 멀다는 결론을 내릴 수 있다. 하지만 장기적으로 보면 주식시장은 엄격한 자기 교정 기계다.

빠르게 오른 주식은 대부분 평균으로 회귀한다. 이것이 효율적 시장 가설의 가장 실용적인 개념이지만, 이는 장기적으로 봤을 때만 그렇다. 즉 이론상 단기적인 가치 평가 오류를 통해 이익을 얻을 수 있다는 얘기다. 주식의 진짜 가치를 아는 노련한 투자자는 해당 주식 가격이 떨어지는 순간 낚아챌 수 있다. 가격이 잘못 매겨진 주식을 사고 싶다면 90 대 10 트레이딩 규칙을 이용해야 한다(15장에서 자세히 설명하겠다). 평가 모델이 뭐라고 하든, 시장이 당신 생각에 동의하지 않을 수도 있다는 사실을 명심해야 한다.

경제학자 존 메이너드 케인즈가 한 유명한 말이 있다. "시장은 당신이 지불 능력을 유지할 수 있는 기간보다 더 오랫동안 비논리적으로 돌아갈 수 있다." 이는 특정 주식에 투자하는 이유가 아무리 예측 가능하고 합리적이더라도 시장은 항상 예측을 벗어날 수 있다는 사실을 강조한다. 주식이 결국 자신에게 유리한 방향으로 움직일 거라고 확신하더라도 시장이 우리를 파멸시킬 만큼 오랫동안 불리한 쪽으로 움직일 수 있다.

"그건 내가 할 수 있거나 하고 싶은 게임이 아니다"라고 말할 수 있는 자기 인식이 필요하다. 스토아 철학자들은 진정한 자기 인식이 얼마나 중요한지에 대해 자주 이야기했다. 마르쿠스 아우렐리우스 또한 인간이 지닌 가장 중요한 특성을 열거할 때 자기 인식에 대한 이야기부터 시작했다. "합리적인 영혼은 자기 인식, 자기 반성, 그리고 원하는 모습으로 살아갈 수 있는 힘을 가지고 있다. 이는 스스로를 풍성하게 만든다."

스토아주의 투자자는 자기가 투자하는 대상에 대해 충분히 알지 못한다는 사실을 스스로 인식할 수 있어야 한다. 개별 주식에 투자하고 싶을 때는 자신을 돌아보면서 '내가 무엇에 투자하는지 알고 있는가?'라고 자문해 봐야 한다. 이때 '모른다'라는 답이 나오면 그

자산에 투자하는 걸 피해야 한다.

S&P 500에 투자할 때는 시장 전체에 대해서만 알면 되고, 그게 내가 이 책에서 설명하는 내용이다. 월스트리트가 어떻게 운영되고 주식시장을 움직이는 요인이 무엇인지 알게 될 것이다. 주식시장을 모방한 인덱스 펀드에 투자하기로 했다면, 이는 자기가 아는 대상에 투자하는 것이다. 하지만 관심을 끌고 있다거나 가격이 오르고 있다는 이유만으로 매수하는 것은 그렇지 않다.

2. 빌린 돈으로 투자하지 마라

17세기에 현대적인 주식시장이 생긴 이래로 우리는 수많은 호황과 침체를 경험했다. 이것이 공공 시장의 특성이다. 시장 가치가 계속 오르는 행복한 시기에는 모두가 튤립, 금, 주식, 부동산, 암호화폐 등에 여유 자금을 투자해서 이익을 얻고 싶어 한다. 하지만 부상과 스포츠가 뗄 수 없는 관계인 것처럼 거품도 공공 시장의 일부다. 한쪽을 얻으면 다른 한쪽도 따라오게 마련이다.

흥미로운 점은 다들 거품이 생기는 원인을 알고 있다는 것이다. 어떤 자산에 돈이 몰리면 사람들은 흥분해서 자기가 감당할 수 있는 것보다 더 많은 위험을 감수한다. 그 자산을 사려고 돈을 빌리기까지 한다는 얘기다. 가격이 계속 오르는 주식을 사려고 돈을 빌리면 어떤 위험이 생길까? 거품은 사람들이 금융의 역사를 잘 잊어버리는 것에서 생긴다. 너무 적은 자산에 너무 많은 돈이 몰리다 보면 항상 거품이 생기고 그 거품은 반드시 터지고 만다.

예를 들어, 운동을 너무 많이 하면 근육에 과부하가 온다. 감당하기 힘든 수준으로 부하를 받으면 근육이 망가지고 부상을 입는다. 대부분의 부상은 너무 흥분한 나머지 자신의 한계를 몰라서 생긴다. 나는 열여섯 살 때부터 달리기를 시작했는데, 이후로 달리기 선수들이 겪는 부상이란 부상은 거의 다 겪었다. 전부 내가 몸에 너무 많은 부담을 준 탓이다. 넘어지거나 발목을 접질리는 등 사고 때문에 부상을 입은 적은 없다. 그리고 부상을 입을 때마다 달리기를 중단해야 했다.

시장도 마찬가지다. 너무 많은 사람이 너무 많은 돈을 빌리면 가격이 오른다. 이런 부담 때문에 시장에 문제가 발생하기까지 몇 년이 걸릴 수도 있지만, 결국 호황 주기는 끝난다. 그러면 갑자기 가격이 폭락하고 시장이 멈추는 것처럼 보인다. 돈을 빌린 사람들은 빚을 갚으려고 자산을 판다. 이런 주기는 우리 재산과 정신 건강에 매우 해롭다. 우리가 감당할 수 있는 것보다 더 많은 걸 떠맡는 이유는 참을성이 없기 때문이다.

스토아 철학자들은 이와 관련된 글을 자주 썼다. 우리는 무언가에 흥분하면 그걸 더 많이 원한다. 더 많은 돈, 더 많은 즐거움, 더 많은 운동처럼 말이다. 그러나 아무리 바람직한 것이더라도 더 많이 추구하는 게 반드시 좋은 건 아니다. 에픽테토스는 "자유는 원하는 것을 온전히 즐길 때가 아니라 욕망을 통제할 때 얻을 수 있다"

라는 조언을 남겼다.

　더 많은 돈을 벌 기회가 보이더라도 욕망을 자제해야 한다. 항상 부상을 입는 바람에 체력을 키우지 못하는 달리기 선수처럼, 돈을 빌리는 투자자는 지속 가능한 부를 축적할 수 없다. 호황기에 많은 이득을 본 투자자는 불황기에 큰 손실을 입는다. 장기 투자자라면 이런 운명을 피해야 한다.

　돈을 빌리는 게 전적으로 나쁘다는 얘기는 아니다. 주식 트레이딩으로 신속하게 이익을 얻으려면 돈을 빌리거나 레버리지를 이용하는 것이 도움이 된다. 기본적으로 레버리지를 이용하면 트레이더가 자금을 빌려서 거래할 때보다 더 큰 규모의 거래가 가능하다. 당연한 얘기지만 보상이 커지면 그만큼 위험도 증가한다. 레버리지를 이용해 대규모 거래를 하면 더 큰 이익을 얻을 수 있지만, 반대로 더 큰 손실을 입을 수도 있다. 트레이더는 위험을 확실하게 관리해야 한다. 레버리지는 트레이딩 계좌 전체를 무너뜨릴 가능성이 높다. 거래 종목의 50퍼센트 이상에서 수익을 올리고 있고 기계처럼 정확하게 전략을 고수하는 경우에만 레버리지를 이용해야 한다. 손실을 감당할 수 없을 정도의 위험을 무릅써서는 안 된다.

　장기 투자자는 레버리지를 피하는 것이 현명하다. 어떤 경우에도 잠재적 보상이 위험을 능가하지 못한다.

3. 여유 자금으로 투자해라

주식시장에 투자하는 것은 훌륭한 장기 전략이다. 10년 단위로 볼 때, 1926년 이래 미국 주식시장은 전체 기간의 95퍼센트에서 양의 수익률을 기록했다. 즉 이 기간 동안 투자자들은 거의 10년마다 투자 수익을 올렸다는 얘기다. 유일한 예외는 대공황과 인플레이션이 만연했던 1970년대인데, 그 시기 말고는 주식시장이 꾸준히 상승했다. 다시 말해, 주식시장은 부를 쌓기에 아주 좋은 곳이지만, 단기간 투자할 때는 연평균 10퍼센트라는 역대 수익률에 부합하지 못할 수도 있다는 것이다. 또 꾸준히 투자한다고 해서 원하는 결과를 정확히 얻을 수 있는 것도 아니다. 마르쿠스 아우렐리우스의 말처럼 "오만함 없이, 무관심하게 내버려두면서" 모든 결과를 받아들여야 한다. 특히 단기 투자의 경우에는 더욱 그렇다.

마음속으로 미래 여행을 떠나 '수익금으로 내년에 새 차를 살 거야', '주식시장에서 얻은 수익으로 2년 뒤에 결혼식 비용을 치를 수 있을 거야' 같은 생각을 하는 것은 장기 투자의 수학을 무시하는 일이다. 1년에 약 10퍼센트씩 돈이 늘어날 수는 있겠지만 그건 충분한 시간을 기다려야 가능하기 때문이다.

투자는 단기적인 수입을 얻기 위한 것이 아니다. 장기 투자를 할 때는 돈이 일하는 것을 목표로 삼아야 하며, 그러기 위해서는 시간을 충분히 들여야 한다. 따라서 10년 혹은 그 이상의 기간 동안 투자금을 회수하지 못해도 괜찮은 돈만 투자하는 것이 좋다. 생활비나 중요한 물건을 사는 데 필요한 돈으로 투자하면 돈이 복리로 늘어나기도 전에 주식을 팔아야 할 가능성이 높다. 더 나쁜 건 손해를 보고 팔 수도 있다는 것이다.

S&P 500 지수는 1980년부터 2022년까지 연평균 11.44퍼센트의 수익률을 올렸지만, 어떤 해에는 마이너스 수익률을 낼 수도 있다. "내가 투자한 1만 달러가 내년이면 1만 1,000달러가 될 거야. 돈 벌기 아주 쉬워"라고 말할 수는 없다. 내년에는 시장이 하락할지도 모른다. 그런 일이 일어나면 뭐라고 할 것인가? 투자 실패로 돈을 잃게 된다면 말이다.

스토아주의를 실천하려면 돈이 언제부터 복리로 불어나기 시작하는지에 집착하면 안 된다. 우리는 필요한 돈에 집착하면 불안해지기 때문이다. 돈과 관련해 할 수 있는 가장 스토아주의적인 행동은 돈을 시장에 투자하는 순간 오랫동안 못 볼 각오를 하고 작별 인사를 하는 것이다. 이렇게 하면 주식을 강제로 처분해야 하는 사태를 피할 수 있다. 예상치 못한 비용이 들어갈 일이 생겨서 돈이 필요하다면 비상금을 활용하자.

비상금은 응급실 방문, 자동차 수리, 실직 같은 예상치 못한 돈이 들어갈 일이 생겼을 때를 대비해 별도의 저축 계좌를 만들어 준비한다. 13장에서 자세히 설명하겠지만 최소 6개월치 생활비에 해당하는 금액을 이 계좌에 넣어두는 것이 좋다. 이런 재정 안전망을 갖춰두면 예상치 못한 비용을 지불해야 할 때 고금리 대출을 받거나 장기 투자금에 손대지 않아도 된다.

생활비나 중요한 물건을 사는 데 쓸 돈으로 투자하면, 정말 돈이 필요한 상황이 생겼을 때 어쩔 수 없이 주식을 팔아야 하는 악순환에 빠질 위험이 있다. 그러면 결과적으로 상당한 부를 축적할 수 있는 잠재력을 잃게 된다. 이는 우리를 같은 자리에 맴돌도록 묶어두는 것이다. 당장 필요하지 않은 돈으로만 투자하면 이런 상황을 피할 수 있다.

스토아 철학 속 투자 지혜

건전한 정신은 어떤 상황이든 대비할 수 있어야 한다. '내 아이들은 괜찮을까?', '다들 나를 인정해야 할 텐데'라고 계속 걱정하는 정신머리는 연한 색상만 볼 수 있는 눈이나 으깬 것만 먹을 수 있는 치아와도 같다.

― 마르쿠스 아우렐리우스

준비는 개인적인 삶뿐만 아니라 투자 전략에 있어서도 중요하다. 투자자는 ① 투자 분야에 대해 끊임없이 공부하고, ② 자기가 하는 특정 투자에 대해 최대한 많이 공부해야 한다. 이 두 가지 방침을 자기 삶과 통합하면 모든 재정적 사건에 대비할 수 있다.

투자 전략 되새기기 :::::::::::::::::::::::::::::

- 높은 수익률에 집착하기보다는 손실을 피해야 돈이 빨리 모인다. 투자자는 더 높은 수익을 올릴 수 있는 잠재력을 최적화하는 것보다 자금을 보호하는 쪽에 중점을 둬야 한다.

- 흔한 실수를 반복해선 안 된다. 우리 삶을 망치는 것은 단 한 번의 잘못된 결정이 아니라 오랜 시간 이어진 여러 가지 잘못된 결정이다.

- 자신이 잘 아는 기업에 투자한다. 미국에서 가장 실적이 좋은 500개 기업으로 구성된 S&P 500 지수는 간단하고 이해하기 쉽다. 다른 대부분의 금융 자산은 이것만큼 확실하지 않다.

- 돈을 빌려서 투자하지 않는다. 빌린 돈으로 투자한다는 건 솔깃한 얘기지만 재정적·정신적으로 너무 많은 스트레스를 준다.

- 없어도 아쉽지 않은 돈으로 투자한다. 투자 수익은 소득과 다르다. 우리 직업은 당장 오늘을 살아갈 수 있는 수입을 제공하고, 자산은 미래를 살아갈 수 있는 수익을 안겨준다.

탐욕을 버려라

　부자가 되거나 유명해지고 싶지 않은 사람이 어디 있겠는가. 사치품, 지위, 권력으로 가득 찬 다른 이들의 호화스러운 삶을 보면서 우리는 똑같은 것을 원한다. 돈, 기회, 휴가, 음식, 경험 등 모든 것을 더 가지고 싶어 한다. 하지만 끝없이 더 많은 것을 추구하다 보면 결국 파멸에 이르게 된다. 살면서 뭐든지 충분히 가질 수 있다는 사실을 알면, 내면이 평화로워지고 뭔가를 더 얻으려고 전전긍긍하지 않게 될 것이다. 탐욕을 부리지 않고 지금 가진 것을 즐기게 될 것이다.

존 보글,
투자 수익은 투자자에게

1965년은 금융 호황기의 시대로, 고위험 고수익 투기 투자를 하는 펀드 매니저가 월스트리트에서 가장 인기 있는 트레이더가 되었다. 투자자들은 보수적이고 균형 잡힌 펀드를 떠나 두 자릿수 수익률을 약속하는 공격적인 펀드로 돈을 옮겼다.

웰링턴 매니지먼트Wellington Management도 이런 고객 이탈을 겪는 전통적인 기업 중 하나였다. 창립자인 월터 모건Walter Morgan은 자기가 '너무 보수적'이어서 회사를 성공적으로 운영하기 힘들다고 생각했다. 모건이 1929년에 웰링턴 펀드를 시작했을 때, 이 펀드는 비교적 안전한 주식과 채권에 투자하는 최초의 밸런스 펀드였다. 이 전략은 수십 년 동안 효과가 있었다. 1929년 주식시장이 붕괴하고, 그에 따른 대공황으로 일반인은 물론이고 모든 투자자들이 신중해졌기 때문이다. 하지만 1960년대는 이때보다 번영한 시기로 상황이 달라졌다.

예순여섯 살이던 모건은 당시 전무이사였던 존 '잭' 보글에게 '필요한 모든 조치를 동원해서' 문제를 해결하라고 주문했다. 모건은 웰링턴에서도 자체적인 투기 펀드를 제공해 다른 회사의 고고(go-go) 전략에 합류해야 한다고 생각했다. '고고'라는 말은 미국이 제2차 세계대전 이후 성장의 정점에 도달한 1960년대를 지칭하는 표현이다. 수십 년 만에 처음으로 경제도 세계정세도 평온해 보였다. 투자자들은 더 큰 위험을 감수하면서 많은 돈을 투자했다. 그냥 계속 가고, 가고, 가고 싶었다.

1929년에 태어난 보글은 그런 사고방식에 익숙하지 않았다. 그는 경제가 침체된 1930년대와 1940년대에 성장기를 보냈고 프린스턴대학에서 경제학을 전공한 뒤 1951년에 수석으로 졸업했다. 보글은 졸업하자마자 웰링턴에서 일하기 시작했고, 1965년에는 부사장 자리까지 올랐다. 자신의 가치관에 따라 움직이며 위험을 회피하는 실용적인 성격의 보글은 다른 회사와 동일한 수준의 위험을 감수하라는 상사 지시에 압박감을 느꼈다. 보글은 모건에게 승인을 받아 1966년에 웰링턴을 다른 기업과 합병했다. 1970년, 모건이 물러나고 보글이 웰링턴의 CEO가 되었다.

하지만 시장이 성장 둔화의 조짐을 보이기 시작했고, 1973년에 주식시장이 폭락하기 시작했다. 그해에 S&P 500 지수는 17퍼센트 하락했고, 이듬해에는 거의 30퍼센트 하락했다. 1965년에 20억 달러에 달했던 웰링턴의 자산은 4억 8,000만 달러로 급감했다. 1974년, 보글은 해고되었다.

보글은 모건의 뜻에 따르긴 했지만 고고 방식을 지지하지는 않았다. 사실 보글은 1951년 프린스턴대학에서 발표한 논문에서 S&P 500 지수를 추적해 위험성이 낮은 수익을 창출하는 펀드에 대한 아이디어를 제시했다. 그가 생각하기에 일반적인 투자자들은 장기간에 걸쳐 안정된 수익을 얻어야 더 많은 부를 축적할 수 있었다. 그는 시장보다 높은 수익을 올리려고 애쓰는 건 바보 같은 짓이라고 여겼는데, 고고 펀드는 바로 그런 전략을 따랐다.

보글은 예전부터 인덱스 펀드를 만들고 싶어 했지만, 웰링턴에서 해고당하고 MIT 경제학자이자 노벨상 수상자인 폴 새뮤얼슨이 쓴 〈판단에 대한 도전Challenge to Judgement〉이라는 기사를 읽고 나서야 비로소 그 계획을 실행에 옮겼다. 직장에서 막 해고되긴 했지만, 마흔 다섯 살 보글에게는 모든 것이 순조롭게 진행되는 듯했다.

인덱스 펀드를 통해 주식시장 전체를 추적하면서 움직임을 따라가기만 해도 돈을 벌 수 있는데, 왜 군이 주식을 고르느라 시간과 돈, 에너지를 낭비해야 한단 말인가. 당시에는 주식 바스켓을 사고 싶으면 모든 주식을 개별적으로 구매하거나 적극적으로 관리되는 뮤추얼 펀드에 투자해야 했다(이 방법은 비용이 많이 든다). 그래서 투자하는 데 시간도 오래 걸리고 복잡했으며 돈도 많이 들었다.

이런 상황을 알게 된 보글은 S&P 500에 상장된 모든 회사를 추적하는 뮤추얼 펀드를 만들었다. 이 펀드는 S&P를 추적하기만 하면 되었다. 따라서 관리자가 필요 없고, 관리 수수료를 부과할 필요도 없었다. 덕분에 투자자가 내야 하는 비용이 상당히 줄었다.

1975년, 보글은 일반인도 투자할 수 있도록 뱅가드그룹The Vanguard Group, Inc.을 설립했다. 처음에는 보글과 직원 두 명뿐이었다. 1년 만에 뱅가드는 S&P 500 지수를 추적하는 뮤추얼 펀드, 퍼스트 인덱스 인베스트먼트 트러스트First Index Investment Trust(지금은 뱅가드 500 인덱스 뮤추얼 펀드Vanguard 500 Index Mutual Fund라고 한다)를 출시했다.

보글이 인덱스 뮤추얼 펀드를 출시했을 때 투자 업계에서는 그를 조롱하는 시선도 있었다. 피델리티 인베스트먼트Fidelity Investments 회장은 기자들에게 "대부분의 투자자가 평균 수익률에 만족한다고 생각하지 않는다. 그들의 목표는 최고의 수익을 얻는 것이다"라고 말했다. 사람들은 벌써부터 뮤추얼 펀드를 "보글이 저지른 어리석은 짓"이라고 수근대면서 보글의 몰락을 예상했다. 월스트리트 사람들이 생각하기에 수동적인 투자를 통해 시장 수준의 수익을 얻는 것은 '평범함으로 가는 확실한 길'이었다. 1년 안에 몇십 퍼센트의 높은 수익을 얻을 수도 있는데 뭐 하러 지수를 따라간단 말인가.

보글은 바로 그런 사고방식 때문에 투자 회사들이 인덱스 펀드를 도입하지 않은 것이라고 말했다. 그들은 그럴 동기가 전혀 없었다. 투자 회사는 운용자산을 늘려서 자문 수수료를 많이 받기 위해 뮤추얼 펀드를 만든다. 이는 회사 수익을 대폭 늘려준다. 금융업은 이 시스템을 기반으로 구축되었으며, 아무도 기존의 사고방식에 도전하지 않았다.

기존 시스템은, 투자자는 수익을 올리지 못하더라도 투자 회사는 반드시 수익을 내도록 설계되었다. 하지만 보글은 자신과 회사가 돈을 빌리고 뱅가드를 시작한 게 아니었다. 그는 투자자들이 주식시장 전체에서 수익을 얻기를 바라는 마음으로 회사를 설립했다.

보글은 "모든 동료들이 최초의 인덱스 펀드를 만들 기회가 있었지만 필요한 동기를 갖춘 건 뱅가드뿐이었다"라고 말했다.

1970년대 중반 뱅가드의 힘겨운 시작 이후 많은 사람이 투자를 시작했고, 보글의 독특한 인덱스 펀드 구조가 자신들의 재정 목표에 적합하다는 사실을 알게 되었다. 뱅가드는 출범할 당시 총 운용 자산이 1,100만 달러였지만 1982년 말에는 1억 달러에 이르렀다. 6년 후 뱅가드는 10억 달러를 달성해 1,048개 펀드 중 41위를 차지했다. 이제 더 많은 사람이 인덱스 펀드를 통해 장기 투자를 시작했다. 2022년 말, 뱅가드는 8조 달러가 넘는 자산을 관리하면서 미국에서 두 번째로 큰 자산운용사가 되었다.

이렇게 엄청난 부를 창출했는데도 보글은 억만장자가 아니었다. 2019년 여든아홉 살의 나이로 사망할 당시 보글이 보유한 자산은 8,000만 달러였다. 물론 일반적으로 보면 엄청난 액수다. 하지만 그가 수조 달러의 가치를 지닌 인덱스 펀드를 개척했다는 사실을 고려하면 미미한 수준이라고 할 수 있다. 자산 규모가 뱅가드의 절반밖에 안 되는 경쟁사 피델리티 인베스먼트의 CEO는 같은 해에 자산 보유액이 122억 달러였다.

보글은 정기적으로 급여의 절반을 자선 단체에 기부했다. 그는 다른 사람을 돕는 문제에 관해 자주 말했고, 그 말을 실천에 옮겼다. 하지만 보다 중요한 것은 뱅가드가 다른 투자 회사만큼 많은 이익을 얻지 않도록 했다는 것이다. 보글은 투자 수익이 투자자에게 돌아가야 한다고 믿었다. 일반적인 펀드 관리 회사와 다르게, 보글은 개별 주주가 아닌 뮤추얼 펀드가 뱅가드를 소유하도록 조직했다. 이렇게 펀드 주주들이 소유하면 저비용 투자에 전념하게 된다. 대부분의 다른 펀드처럼 보글과 그의 상속인들이 회사의 주요 주주 자리에 있었다면, 그들은 여러 세대에 걸쳐 억만장자로 살았을 것이다.

어떤 사람이 19세기 석유 재벌 존 D. 록펠러에게 "사람은 돈이 얼마나 있어야 만족할까요?"라고 물었다. 록펠러는 "지금보다 조금만 더 있으면 됩니다"라고 대답했다. 하지만 보글은 그 말에 동의하지 않았다. 그는 자기가 이미 충분한 돈을 가지고 있다며 만족해했다. 그가 말하는 충분한 돈이란 본인이 쓴 책《월스트리트 성인의 부자 지침서》에서 얘기한 것처럼 '꼭 필요한 것보다 1달러 많은' 돈을 의미했다.

탐욕을 버리기 위한
두 가지 연습

스토아 철학은 '중용'이라는 개념에 기반을 두고 있는데, 때로는 '중도'라고도 한다. 스토아주의자들은 처음부터 당대의 철학 사조인 냉소주의와 쾌락주의 사이에서 균형 잡힌 입장을 취했다.

냉소주의자들은 우리가 물질적 소유와 사회적 지위에 대한 욕망에서 벗어나 자연과 더불어 살 때 행복해진다고 믿었다. 스토아주의자와는 다르게 이들은 돈과 같은 사회 구성물은 자연스러운 삶의 일부가 아니라고 여겼다. 하지만 스토아주의자들은 우리가 사회에 적응해야 한다고 생각했다. 반면에 쾌락주의자들은 고통을 피하면서 쾌락을 추구해야 행복을 얻을 수 있다고 믿었다. 쾌락주의자와 스토아주의자 모두 단순하고 절제된 삶을 살면 정신적으로 평화를 얻을 수 있다는 데 동의했다. 하지만 스토아주의자들은 고통을 피할 수 있다고 여기지 않았고, 그것이 자연스럽다고 생각하지도 않았다.

스토아학파는 중도를 택했다. 사회에서의 쾌락을 포기하지도, 고난에서 도망치지도 않았다. 그리고 인생의 모든 주제에 대해 균형 잡힌 관점을 제시했다.

부유한 스토아주의자인 세네카는 돈과 과도한 부 사이에서 지켜야 하는 중용에 대해 다음과 같이 말했다. "부의 적절한 척도가 무엇이냐. 최선의 척도는 필요한 만큼 갖는 것이고, 그다음으로 좋은 척도는 충분히 갖는 것이다." 세네카도 보글과 같은 의견이었다. 우리는 냉소주의자들처럼 부를 포기해서는 안 된다. 괜찮은 삶을 살려면 돈이 필요하기 때문이다. 그러나 쾌락주의자처럼 모든 욕망을 충족시키기 위해 과도한 욕심을 부릴 필요는 없다.

균형은 정의하기는 쉽지만 달성하기는 어렵다. 과잉 쪽으로 기우는 것이 우리의 본성이다. 사실 우리 사회에는 극단을 강조하면서 항상 긴장된 상태로 살아가는 게 정상이라고 믿는 이들이 많다. 금융 분야에서는 투자자가 이용하는 신용 대출 정도를 통해 이를 알 수 있다. 코로나 이후 주식 붐이 일어나기 시작한 2020년 9월에 진행된 한 조사에 따르면, 개인 투자자 가운데 43퍼센트가 주식시장에 투자하려고 신용 대출을 받았다고 답했다.

레버리지를 이용하면 잠재적 손실이 커지지만 그만큼 잠재적 이익도 커진다. 일부 투자자는 모든 걸 가질 수 있다는 생각은 좋아하면서, 모든 걸 잃을 수도 있다는 가능성은 제대로 고려하지 않는다. 부를 축적하는 데는 수십 년이 걸리지만, 돈을 다 잃는 것은 몇 주 혹은 몇 달 만에도 가능하다.

중용을 받아들이면 빨리 부자가 되지는 못해도 빨리 가난해지지도 않는다. 스토아주의자는 언제든 이런 균형을 유지할 수 있다. 소셜 미디어를 통해 남들의 성공 사례를 끊임없이 접하는 현대 사회에서 균형을 유지하며 살기란 어렵다. 우리도 그런 성공을 원하기에 이런 성공담은 모든 걸 더 많이 추구하도록 밀어붙인다.

우리가 균형을 유지할 방법은 하나뿐이다. 매일 스스로를 단련하는 것. 이는 무소니우스가 사람들에게 가르친 가장 중요한 개념 중 하나다. 그는 이렇게 말했다. "쾌락에 정복당해선 안 된다는 사실을 알기만 하면 쾌락에 저항하는 훈련을 하지 않고도 즉시 자제력을 얻을 수 있을까?"

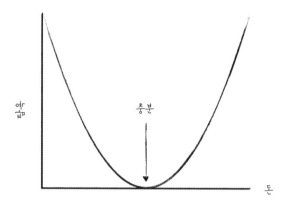

탐욕과 돈의 관계는 종종 U자형 곡선을 따른다. 돈이 적을 때는 잘살기 위해 많은 돈이 필요하므로 탐욕스러워진다. 돈이 충분하면 정신적으로나 실제적으로나 자기가 가진 것에 만족한다. 돈이 많으면 그보다 더 가지려고 지금보다 더 많은 것을 좇는 함정에 빠지기 쉽다.

스토아 철학에는 보다 나은 삶을 살도록 영감을 주는 다양한 훈련법이 있다. 탐욕 같은 것은 무의식적으로 발생하는 인간적인 감정이므로 완전히 뿌리 뽑을 수는 없다. 하지만 탐욕을 느낄 때 그것을 중화하는 능력은 키울 수 있다. 중용을 지키는 데 도움이 되는 유용하고도 간단한 훈련법 두 가지를 소개한다.

훈련 1: 스스로 통제할 수 있는 것만 욕망해라

에픽테토스는 "통제할 수 없는 것을 원하면 실망하게 마련이다"라고 했다. 하지만 사람들에게 원하는 게 무엇이냐고 물어보면 대부분 자신이 통제할 수 없는 것을 나열한다.

"올해 20퍼센트의 수익을 올리고 싶다."

"이번 분기에 소득 목표를 달성하면 행복할 것이다."

"날마다 운동하고 몸에 좋은 음식을 먹으면서 오래 살고 싶다."

"서른 살이 되기 전에 결혼해서 서른두 살에 첫 아이를 낳고, 서른네 살에 둘째 아이를 낳는 것이 목표다."

이 욕망은 전부 우리의 통제 범위 밖에 있다. 시장에 투자할 수는 있지만 수익률은 통제할 수 없다. 소득을 늘리려고 노력할 수는 있지만, 실제로 수입이 늘어나도 여전히 불행할 수 있다. 원하는 만큼 운동할 수는 있지만, 사고를 당하거나 병에 걸리는 건 어쩔 수 없다. 연애를 시작할 수는 있지만, 연인의 행동이나 자신의 생식 능력은 조절할 수 없다.

이런 명백한 사실에도 우리는 매일 자신이 통제할 수 없는 것을 원한다. 스토아주의에 따르면, 통제 가능한 것에 집중하기만 하면 욕망을 품는 것 자체는 아무 문제도 없다. 지식과 기술을 키우고 싶을 수도 있고, 다른 사람을 더 친절하게 대하고 싶을 수도 있다. 하지만 자신이 통제할 수 없는 것을 원하는 순간 탐욕으로 가는 문이 열린다. 탐욕을 피하려면 자신이 통제할 수 없는 것에 대한 내면의 대화 내용을 바꿔야 한다. 언어를 바꾸면 욕망도 바뀐다.

시작점: X가 일어나기를 원한다/바란다/희망한다.

도착점: X가 일어나면 좋겠다.

이 책의 원고를 쓰기 시작했을 때, 나는 이 책이 베스트셀러가 되어 팟캐스트와 토크쇼에 출연하게 되면 좋겠다는 꿈을 꾸곤 했다. 100만 부가 팔려서 베스트셀러 목록에 오르고 싶다는 생각도 했다. 하지만 결국 내면과의 대화 내용을 바꿔서 '세네카 같은 사람이 책을 쓴다면 어떤 생각을 할까'라고 상상해 봤다.

책이 성공하면 좋겠지만, 그렇지 않아도 괜찮다. 우리는 결과를 통제할 수 없다. 통제 가능한 것은 자신의 노력뿐이다. 그래서 나는 세계 최고의 개인 투자서를 쓰는 데 모든 에너지를 쏟기 시작했다. 그게 내 목표고, 이 책은 나에게 최고의 책이다. 다른 사람들이 이 생각에 동의한다면 좋겠지만, 그렇지 않더라도 상관없다. 다른 사람들의 호감을 얻는 건 내 통제 밖의 일이기 때문이다.

에픽테토스는 이런 태도를 가리켜 자신을 '선택과 거부'로 제한하는 것이라고 했다. 인생에서 통제할 수 있는 모든 것을 의도적으로 선택하거나 거부한다는 뜻이다. 통제 가능한 것에 집중하는 쪽을 선택하면 욕망에 눈이 머는 것을 물리칠 수 있다.

훈련 2: 식습관을 조절해라

중용을 지키면서 살려면 자제력이 있어야 한다. 그리고 자신을 조절하는 능력을 키우려면 우리 삶에서 가장 중요한 것, 즉 습관부터 조절할 수 있어야 한다. 무소니우스의 말에 의하면 이런 절제는 식단에서부터 시작된다.

무소니우스는 이렇게 말했다. "먹어야 하는 양보다 더 많이 먹는 사람은 실수를 저지르는 것이다. 급하게 먹는 사람, 고급스러운 음식에 매료된 사람, 영양가 있는 음식보다 단 것을 선호하는 사람, 자기 음식을 동료들과 공평하게 나눠 먹지 않는 사람도 마찬가지다." 스토아주의자는 다음과 같이 행동해야 한다.

1. 과식하지 마라.
2. 천천히, 오래 먹어라.
3. 고급스러운 음식(맛있고 칼로리 높고 호화로운 음식)을 피해라.
4. 단 음식을 피해라.
5. 다른 사람들과 나눠 먹어라.

자제력이 부족하다면 식습관을 조절하는 것부터 해보면 좋다. 식습관부터 시작해 차차 모든 습관에 절제의 미덕을 적용하면 좀 더 균형 잡힌 삶을 살 수 있다.

나도 경험을 통해 이런 사실을 깨달았다. 난 10대 때 적당하게 먹는 법을 몰랐다. 살이 가장 많이 쪘던 열여섯 살 때는 체중이 109킬로그램이나 나갔다. 과체중은 정신적으로도 괴로웠지만 신체적으로는 더 힘들었다.

체중을 줄이겠다고 결심하고 영양사를 만났다. 그는 체중을 줄이는 몇 가지 팁을 알려줬는데, 지금은 거의 다 잊어버렸지만 아직도 정확하게 기억나는 내용이 하나 있다. "체중을 줄이고 싶다면 절대 밥을 다 먹지 마세요. 항상 조금씩 남기세요. 쥐처럼 작은 동물이 먹을 양 정도로 아주 조금만요. 칼로리를 제한하라는 말이 아닙니다. 이건 자제력 문제예요."

그의 조언 덕분에 나는 식습관을 완전히 바꾸었다. 일주일에 6일씩 운동하고, 소모한 칼로리보다 적게 먹은 덕분에 1년 안에 22킬로그램을 감량했다. 건강한 체중에 도달한 뒤에도 배부르게 잔뜩 먹기보다는 적당히 먹으려고 노력했다. 그 후로 20년 동안 체중 변화가 거의 없다. 가끔 내가 너무 식탐을 부리고 있다는 기분이 들면 '접시에 조금만 남기기' 기술을 활용한다. 그러면 내가 먹는 걸 통제하고 있다는 사실이 인식된다.

우리는 자신의 자제력을 과소평가하면서 욕망이 자제력보다 더 강하다고 여기곤 한다. 그래서 과도한 욕망에 굴복하는 게 정상이라고 생각한다. 감자칩을 딱 한 줌만 먹는 건 불가능하다. 한 봉지를 다 먹어야 한다. 시장에서 10퍼센트 수익을 올리는 데 만족할수 없다. 100퍼센트를 올려야 한다.

식습관은 우리가 살아가는 방식에 영향을 미친다. 사실 모든 식사와 간식 시간마다 훈련할 기회가 있다. 적당히 먹을 수 있다면 적당히 구매하는 것도 가능하다. 식습관부터 훈련하기 시작하면 삶의 나머지 부분도 따라올 것이다.

이런 사고방식을 음식에 적용하든 돈에 적용하든 기본적인 원칙은 똑같다. 절제를 잊으면 길을 잃는다. 식습관과 돈 문제에 자제력을 발휘하면 균형을 이룰 수 있다. 이것이 위대한 스토아 철학자와 위대한 투자자의 공통점이다. 그들은 시장이 낙관적이든 비관적이든 항상 균형을 유지한다. 아무리 흥미가 생겨도 극단적인 상황에 빠지지 않는다. 그들은 충분히 가진 것만으로도 만족한다.

스토아 철학 속 투자 지혜

적게 가져도 충분히 살아갈 수 있는데 그렇게 많은 것을 갈망하는 건 광기이자 미친 행동 아닌가?

– 세네카

평소 얼마나 많은 옷을 입는가? 얼마나 많은 차가 필요한가? 집에 얼마나 많은 액세서리와 가구를 두었는가? 얼마나 많은 기술 장비를 사용하는가?

아마 위의 모든 질문에 대한 답은 "별로 많지 않다"일 것이다. 사람들은 대부분 더 많은 걸 모으고 싶다는 끝없는 압박감에 시달리는 것보다 단순하게 사는 쪽을 선호한다.

우리는 적응의 동물이라는 사실을 기억하자. 가진 게 아무리 많아도 곧 그 모든 것에 익숙해질 것이다. 물건에서 지속적인 즐거움을 얻을 수는 없다. 그런 즐거움은 오직 자기 내면에서만 찾을 수 있다.

뭔가를 원해야 한다면, 소박한 삶을 원하자.

- '중용'을 지키며 살아야 한다. 과도함을 피하고 균형 잡힌 삶을 목표로 삼아야 한다. 중도에 따라 살면 재정 파탄을 피할 수 있다.

- 재산을 늘리는 데 집중하되, 무슨 수를 써서라도 돈을 벌겠다는 태도는 피해야 한다. 스토아주의자들은 항상 쾌락, 지위, 돈 같은 세속적인 걸 추구하기보다 자신의 가치관에 따라 사는 쪽을 택했다.

- 자신이 통제할 수 있는 것을 원해야 한다. 통제하지 못하는 것을 원하면, 그것을 얻기 위해 자신의 가치관을 포기할 위험이 있다. 게다가 원하는 것을 얻지 못할 경우 좌절하고 만다. 통제 가능한 것만 원한다면 실망할 일이 없다.

- 습관을 관리해야 한다. 균형 잡힌 삶을 위해 삶의 모든 영역에서 자제력을 발휘하자. 먹는 것을 자제하는 데 익숙해지면 절제 있는 삶을 사는 능력이 강화된다.

부의
핵심 3

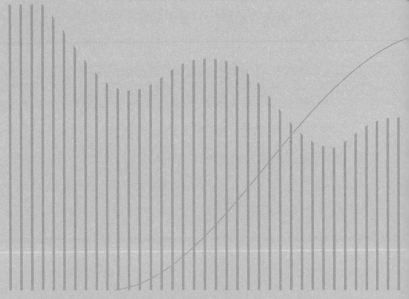

돈을 복리로 불려라

도덕적인 권고는 씨앗 같은 작용을 한다.
많은 것을 이루지만 공간은 거의 차지하지 않는다.
올바른 정신이 그 권고를 자기 것으로 흡수하도록 하자.
그러면 많은 아이디어를 생성해서 받은 것보다 더 많이 돌려줄 것이다.

– 세네카

돈이 일하게 해라

돈이 어느 정도 생기면 그걸 이용해서 많은 돈을 벌기 시작할 수 있다. 복리의 힘에 의지해서 가진 돈을 불리면 된다. 이제 시간을 돈으로 바꾸는 것에만 의지하지 않아도 된다는 얘기다. 시간을 들여 돈을 버는 함정에서 벗어나는 것, 이것이 바로 부의 진정한 정의다. 이제 돈이 스스로 일하게 해라. 매년 들어오는 약간의 수익이 장기적으로 상당한 결과를 안겨줄 것이다. 주식시장에 꾸준히 투자한다면 재산이 기하급수적으로 늘어나는 것은 시간문제다. 이런 사실을 알면 투자할 때 만족감을 느낄 수 있다.

피터 린치, 골프장 캐디에서
투자계의 슈퍼스타가 되기까지

1954년 아버지가 암으로 사망했을 때 피터 린치는 겨우 열 살이었다. 그는 어머니를 경제적으로 도우려고 10대 때 인근 컨트리클럽에서 캐디로 일했다. 컨트리클럽에서 일하는 동안 린치는 투자에 관한 이야기를 자주 들으며 완전히 새로운 세상에 눈을 뜨게 됐다. 린치는 이곳에서 미국 최대 금융 서비스 회사 중 하나인 피델리티 인베스트먼트의 사장 조지 설리번George Sullivan을 만났다. 설리번과 피델리티의 임원들을 보면서 린치는 투자를 해야겠다는 생각을 품었다.

린치는 보스턴 칼리지 2학년 때인 1963년에, 그때까지 모아둔 돈으로 플라잉 타이거 라인Flying Tiger Line 주식 100주를 주당 7달러에 샀다. 이 회사 주식은 결국 주당 80달러까지 올라 '텐배거ten bagger'가 되었다. 린치가 처음 지칭한 텐배거는 10배의 수익률을 올린 주식을 뜻한다. 그는 주식시장에서 얻은 수익으로 남은 대학 학비도 내고 와튼스쿨에 진학해 경영학 석사 학위도 받았다. 와튼스쿨에 다닐 때 설리번의 캐디로 일한 인연 덕분에 피델리티 인베스트먼트 인턴으로 발탁되었고, 1969년에는 정규직 애널리스트가 되었다. 계속 승진한 그는 1974년 피델리티 인베스트먼트의 리서치 책임자가 되었다.

린치가 승진을 거듭하던 1973년과 1974년에는 주식시장이 하락하고 있었다. 사실 1970년대는 투자자들에게 힘든 시기였다. 높은 인플레이션과 오일쇼크가 세상을 덮치면서 시장에 부정적인 영향을 미쳤다. 1977년에는 투자 심리가 얼어붙어 증권사들이 영업 부서를 통째로 닫아야 할 정도였다. 주식을 사는 사람이 거의 없었기 때문이다. 리서치 책임자로 일하던 서른세 살의 린치는 마젤란 펀드를 운영해 보라는 제안을 받았다. 마젤란은 오늘날 전 세계적으로 유명한 능동 관리형 뮤추얼 펀드 중 하나지만, 1970년대에는 규모도 작고 중요도도 낮았으며 총 운용자산이 1,800만 달러에 불과했다.

검증되지 않은 펀드 매니저였던 린치는 큰 부담 없이 주식을 고를 수 있는 기회를 얻었다. 1970년대에는 아무도 양의 수익률을 기대하지 않았고, 새로운 매니저에게는 더욱 기대가 낮았다. 하지만 린치는 모두를 놀라게 했다. 그가 운용하는 펀드는 1978년에 상황을 반전시켰다. 마젤란 펀드가 20퍼센트의 수익률을 달성한 것이다. 이에 반해 미국 30대 기업 지수인 다우존스 산업평균지수는 같은 기간 17.6퍼센트, S&P 500 지수는 9.4퍼센트 하락했다.

시장보다 높은 수익을 올리기 위한 린치의 전략은 집중적인 조사를 바탕으로 했다. 그는 기업 장부와 시장을 살펴본 다음, 해당 기업 매장이나 사무실을 직접 방문해 거기서 일하는 사람들과 이야기를 나누고 회사를 운영하는 사람에 대해서도 자세히 알아보았다.

이렇게 철저한 조사 과정을 거친 다음에 그 회사에 투자해도 될지 판단했다.

린치가 이뤄낸 가장 유명한 성공 사례 중 하나는 크라이슬러에 대한 투자다. 1970년대에 크라이슬러 판매량은 급락했다. 출시한 모델은 잇따라 실패했고, 재무 분석가들은 크라이슬러가 망할 것이라고 예측했다. 하지만 철저한 조사를 거친 린치는 1982년에 크라이슬러 주식이 저평가되었다고 판단했다. 대차대조표에 따르면 크라이슬러는 10억 달러 이상의 현금을 보유하고 있었다. 린치는 투자자들이 회사가 파산할 것이라고 잘못 생각하는 바람에 주가가 떨어졌다고 여겼다. 하지만 크라이슬러 주식을 더 사기 전에 회사 경영진을 만나고 싶었다.

린치는 1982년 6월을 가리켜 "아마 내 21년의 투자 경력에서 가장 중요한 날이었을 것"이라고 말했다. 세 시간으로 예정되었던 크라이슬러 임원들과의 회의는 일곱 시간으로 늘어났다. 과거 포드 임원으로 일하다가 당시 크라이슬러 CEO를 맡고 있던 리 아이아코카와 나눈 '짤막한 대화'는 두 시간짜리 토론으로 바뀌었다. 린치는 조립 라인에서 생산 중인 회사의 최신 모델도 확인했다. 덕분에 경제가 회복되면 판매 가능한, 새롭고 유망한 크라이슬러 제품이 많다는 것을 알게 되었다.

자동차는 주기적으로 판매되는 제품이라서 경제가 어려울 때는 판매량이 줄고 호황기에는 늘어난다. 하지만 자동차 회사 주가는 이런 경기 변화를 예측해서 대응적으로 움직인다. 자동차 회사 매출이 감소하면, 투자자들은 차후 매출이 늘어날 것으로 예상해 주식을 사려고 몰려든다. 린치는 이를 깨닫고 크라이슬러 주식을 공격적으로 매수하기 시작했다. 크라이슬러 주식은 1982년에는 주당 2달러였지만 1987년에는 46달러로 급등해 린치가 선택한 주식 가운데 가장 성공한 주식이 되었다.

엄청나게 빠르게 성장한 마젤란 펀드 덕분에 린치는 투자계의 록스타가 되었다. 그는 1989년에 지금은 고전이 된 투자서《전설로 떠나는 월가의 영웅》을 출간하면서 최고의 유명세를 얻었다. 하지만 마젤란 같은 대형 펀드를 운영하려면 정신적인 세금을 치러야 한다. 린치는 퇴근 후, 주말, 휴가 때도 일을 놓을 수가 없었다.

린치는 마젤란 펀드가 자본을 잘 투자하고 있는지 확인하기 위해 수천 개의 회사를 추적해야 했다. 그는 주당 90시간 이상 일했다. 린치는 1987년 10월 15일 목요일에 아일랜드에 갔던 것을 기억한다. 장기간 일만 하던 끝에 겨우 얻은 고대하던 휴가였다.

그다음 주 월요일인 10월 19일에 다우존스 산업평균지수가 22.6퍼센트 하락했다. S&P 500 지수는 20.4퍼센트 하락했는데, 이는 지수 역사상 가장 큰 일일 하락폭으로 지금까지도 기록이 깨지지 않았다. 이 하락세가 어느 정도인지 설명하자면, 대공황 당시에도 가장 큰 일일 하락폭은 '겨우' 12퍼센트였다.

해외에서 아내와 즐거운 시간을 보내려던 린치는 금융공황 때문에 심란해졌다. 그는 시차 때문에 밤새 팀원들에게 전화를 걸어 어떤 주식을 팔고 어떤 주식을 유지해야 하는지 지시했다. 결국 그는 두 가지 중요한 교훈을 얻었다. 첫째, 소란스러운 사건 때문에 투자를 망치지 말자. 둘째, 귀찮은 일 때문에 휴가를 망치지 말자. 1987년 주식시장이 폭락했지만, 이후에 시장은 언제나 그랬듯이 결국 회복되었다. 린치는 "하루에 508포인트가 하락하든 108포인트가 하락하든 결국 우수한 회사는 성공하고 평범한 회사는 실패할 것이며, 각 회사의 투자자는 그에 따라 보상을 받게 될 것이다"라고 결론지었다.

1990년, 마흔여섯 살에 린치는 마젤란 펀드에서 사직하고 은퇴했다. 그는 1,800만 달러 규모였던 이 펀드를 1,000개 이상의 개별 주식 포지션을 보유한 1,400억 달러짜리 펀드로 성장시켰다. PBS와 나눈 인터뷰에서 린치는 왜 이리 일찍 은퇴했느냐는 질문을 받았다. 린치는 미국 역사상 최고의 펀드 매니저 중 한 명이었다. 마젤란 펀드는 린치가 재임한 동안 연평균 29퍼센트의 수익률을 유지했고, 역대 뮤추얼 펀드 가운데 20년 만기 수익률이 가장 높았다.

인터뷰 진행자는 린치에게 업계를 떠난 이유가 '압박감' 때문이었냐고 물었다. 린치는 "압박감 때문은 아니었어요. 저는 그 일을 좋아했습니다. 세계 최고의 회사에서 일했고, 급여도 아주 많이 받았죠. 공짜 커피도 마실 수 있었고요. … 압박감보다는 일에 너무 많은 시간을 쏟아야 했기 때문이었어요. 일주일에 6일씩 일했는데도 충분하지 않았습니다"라고 대답했다.

린치는 자신과 투자자들의 돈을 빠른 속도로 불렸지만, 이런 재정 성과는 시간이라는 대가를 치르고 얻은 것이었다. 그는 세 자녀가 성장하는 결정적인 시기를 놓쳤다. 오랫동안 투자를 통해 뛰어난 수익을 올린 린치는 자기가 시간에 대해서도 똑같은 것을 원한다는 사실을 마침내 깨달았다.

시장에서 복리로
돈을 버는 법

다음과 같은 두 가지 선택권이 있다면 어느 쪽을 택하겠는가? 첫 번째는 자신의 모든 자유 시간을 투자에 쏟으면서 시장보다 높은 수익률을 올리기 위해 적극적으로 노력하는 데 쓰는 것이다. 시장 평균보다 2퍼센트 높은 수익률을 달성하는 게 가능하다. 하지만 그 대가로 모든 자유 시간을 희생하는 바람에 운동할 시간도 없고, 데이트도 하지 못하고, 아이들 연주회에도 참석하지 못한다. 두 번째는 수동적인 투자 전략을 택해서 시장이 상승하면 그에 따라 돈이 늘어나게 하는 것이다. 그러면 복리의 힘을 통해 이익을 얻는 동시에 자유 시간과 마음의 평화도 누릴 수 있다.

금융 전문가가 아니거나 시장보다 높은 수익을 올리는 일에 열정적이지 않다면 두 번째를 선택할 가능성이 높다. 부를 쌓으면서 동시에 정말 좋아하는 일에 시간을 쓰는 등 양쪽 장점을 모두 누릴 수 있기 때문이다.

복리의 좋은 점은 아무것도 할 필요가 없다는 것이다. 그냥 돈을 투자해서 수익을 얻은 다음 투자를 계속하면 이전에 달성한 수익을 바탕으로 더 큰 수익을 얻을 수 있다.

수익을 계속 재투자해서 돈이 복리로 늘어나면 결국 성장률이 기하급수적으로 증가해 하키 스틱과 비슷한 모양을 보이게 된다(여기서는 하키 스틱을 눕힌 모양으로 손잡이가 수평, 날이 우상향이다). 처음에는 성장이 느리고 꾸준하게 진행되면서 하키 스틱의 직선 모양 손잡이와 비슷해 보일 것이다. 그러나 시간이 지나 복리 효과가 강해지면 성장 속도가 부쩍 빨라져서 하키 스틱의 날 부분처럼 급격한 상향 곡선을 이룬다.

개념은 매우 간단하지만 이를 실행하는 건 어렵다. 부를 축적하는 과정에서 하키 스틱이 평평한 모양을 유지하는 기간이 보통 20년 정도 되는데, 인간은 단기 지향적이라서 복리를 통해 기하급수적인 성장 단계에 도달하기 전에 투자를 중단하는 경향이 있기 때문이다. 이를 피하려면 장기 투자자의 사고방식을 활용해, 지금 얼마 안 되는 돈을 인출하는 것보다 나중에 수익이 늘어났을 때 사용하는 게 낫다고 자신을 다독여야 한다.

투자를 통해 돈이 복리로 늘어나게 하는 것은 자신의 미래를 확실히 개선하는 방법이다. 지금 시간을 들여 미래를 준비한다는 생각은 스토아 철학의 본질적인 측면이다. 세네카는 이렇게 말했다. "오랫동안 위험에 대비해 온 사람은 위험이 닥쳤을 때 남들보다 용감하게 맞설 수 있고, 아무리 힘든 상황도 미리 숙고해 두면 충분히 견뎌낼 수 있다. 하지만 준비되어 있지 않은 사람은 아주 사소한 문제에도 당황한다."

장기적인 부를 축적하려면 우리도 이와 같은 사고방식을 받아들여야 한다. 지금 투자하면 침착하게 미래를 맞이할 수 있다. 다음은 복리의 힘을 최대한 활용하는 데 도움이 되는 세 가지 원칙이다. 이 원칙에 따라 살아가면 돈이 저절로 불어난다.

1. 시간 대비 수익을 최적화해라

린치는 투자, 돈, 사업에 관한 여러 가지 현명한 교훈을 공유한 훌륭한 투자자였다. 하지만 그가 남긴 가장 중요한 교훈은 인생에 관한 것이다. "과거에는 일에 너무 많은 시간을 쏟아야 했다. 일주일에 6일씩 일했는데도 충분하지 않았다."

시간은 재생 가능한 자원이 아니다. 한번 쓰면 영원히 사라진다. 항상 그 사실을 염두에 두고 살아가야 한다. 그러면 시간을 들여서 얻는 이익에 대해 생각하게 되므로 평소와 다른 결정을 내리게 된다. '이 활동에 시간을 쏟으면 어떤 이익을 얻게 될까?'를 생각해 보

자. 자기가 하는 일이 정말 가치 있는 일인지 자문해 봐야 한다. 세네카는 이런 사고방식을 다음과 같이 설명했다. "손실에 대한 적절한 보상을 안겨주지 않는 사람에게는 단 하루도 내주면 안 된다."

시간을 인색하게 쓰면서 자신에게 가장 이익이 되는 일만 하라는 얘기가 아니다. 스토아주의자들은 시간을 의미 있게 활용하고 신중하게 투자해야 한다는 사실을 알고 있었다. 린치에게 그것은 가족과 시간을 보내는 것이었다. 가족과 함께 보내는 매 순간이 투자에 들인 시간보다 더 많은 기쁨과 활력을 안겨주었을 것이다. 그가 가족과 시간을 보내는 대신 기업 조사에 더 시간을 쏟았다면 돈을 더 많이 벌 수 있었을 것이다. 하지만 린치는 가족과 보내는 시간을 더 소중히 여겼고, 그 때문에 뮤추얼 펀드 매니저라는 역할에 작별을 고했다.

이 개념을 시간수익률Return On Time, ROT로 볼 수 있다. 보통 투자수익률Return On Investment, ROI을 볼 때는 금전 투자에 대한 재정 수익을 따진다.

- 1달러를 투자하면 몇 센트를 돌려받을 수 있는가? 이것이 ROI다.
- 1시간을 투자하면 얼마나 많은 활력을 얻을 수 있는가? 이것이 ROT다.

살면서 결정을 내릴 때는 후자를 먼저 생각해야 한다. 자기가 하는 일의 대안을 살펴보면서 다음을 생각해 보자. 다른 옵션을 선택하면 ROT를 높일 수 있을까?

능동적 투자의 대안은 수동적 투자다. 대부분의 사람들은 이런 절충안을 보면 능동적 투자가 별로 가치 없다고 생각한다. 시장보다 높은 수익률을 올릴 확률도 낮고, 주식을 고르는 데 많은 시간을 할애해야 하기 때문이다. 결국 시간이 걸리지 않는 수동형 투자를 선택한다.

알베르트 아인슈타인은 복리 효과를 '세계 8대 불가사의'라고 했다. 시간을 들이지 않아도 돈이 저절로 불어난다니 믿기지 않을 만큼 좋은 얘기지만, 유일한 예외가 이 원칙이다.

2. 지금 당장 투자를 시작해라

스토아주의에 공통적으로 등장하는 주제는, 가치 있는 일을 하고 싶다면 오늘 당장 하고, 가치 없는 일은 아예 하지 말라는 것이다. 에픽테토스는 제자들에게 "변명하고 미루는 걸 멈춰라. 이건 너희들 삶이다!"라고 경고했다. 그는 제자들에게 주인의식을 갖고 스토아주의자처럼 살라고 했다. 사람들은 중요한 일을 미루는 경향이 있다. 그 일을 하는 게 자신에게 이롭다는 사실을 알면서도 말이다.

이런 심적 태도에서 벗어나는 것은 팁이나 요령에 의존할 수 없다. 에픽테토스의 말처럼 "자신을 실망시키는 것을 멈추겠다고 맹

세해야 한다. 평범한 무리에서 벗어나 특별한 존재가 되겠다고 결심하고, 지금 당장 해야 할 일을 하자."

스토아주의자들은 평범함을 두려워하고 탁월한 존재가 되어야 한다고 했다. 게으르게 사는 것은 스토아주의자에게 있어 최악의 일이었다. 그들은 스토아적 가치에 따라 살아가고 자신을 엄격하게 대하면 행복해질 수 있다고 믿었다.

자제력 있는 투자자가 되는 것도 마찬가지다. 투자액을 계속 늘리는 사람은 10년, 20년, 30년 뒤에 만족스러운 기분으로 과거를 돌아볼 것이다. 그들은 "일찍 투자를 시작해서 다행"이라고 말할 텐데, 당신도 그렇게 되기를 바란다.

자기가 정해놓은 때(특정한 액수만큼 벌거나 직업을 바꾸거나 대출을 갚거나 승진하거나 결혼하는 등)를 기다리느라 투자를 시작하지 않고 미룬다면, 그건 전부 변명에 불과하다.

투자는 습관이라는 걸 기억하자. 얼마나 투자하느냐가 중요한 게 아니다. 투자를 자기 삶의 일부로 만드는 것이 중요하다. 매달 주저하지 말고 투자하자. 지금 투자하고 있지 않다면 내일까지 기다리지 말고 오늘 당장 시작하자. 가장 쉬운 방법은 은행 앱이나 온라인 증권사를 통해 뱅가드의 S&P 500 지수(티커 기호 VOO, 유럽에서는 VUSA) 주식을 매수하는 것이다.

3. 높은 수수료를 피해라

투자자의 장기 수익에 가장 큰 위협이 되는 것은 비용과 수수료다. 금융업도 다른 영리 산업과 마찬가지로 수익을 창출해야 한다.

개인 투자자와 트레이더가 비용 때문에 포기해야 하는 수익이 어느 정도인지 모르면 문제가 된다. 어떤 이들은 금융 상품과 서비스가 무료라고 잘못 생각하고 있다. 그들은 증권을 구입하면 거래 비용을 한 번만 내면 된다고 생각하는데 그렇지 않다. 개인 투자자가 알아야 하는 가장 일반적인 비용은 다음과 같다.

거래 비용: 증권을 구입할 때 이용한 주식 중개인, 은행, 중개업체 등에 지불하는 수수료다.

운용 수수료: ETF나 뮤추얼 펀드의 연간 수수료를 말한다. ETF 수수료는 일반적으로 총자산 가치의 0.1퍼센트 이하다. 능동 관리형 뮤추얼 펀드는 직원이 있어서 비용이 더 들기 때문에 일반적으로 0.5~1.0퍼센트의 수수료를 받는다.

커미션: 금융 자문이나 로보 어드바이저를 이용할 생각이라면 이들에게 줘야 할 커미션도 고려해야 한다. 금융 자문은 대개 매년 관리하는 자산의 1퍼센트 혹은 그 이상의 커미션을 청구한다. 대부분의 로보 어드바이저는 1년에 0.2~0.5퍼센트의 커미션을 청구한다.

세금: 자산을 과세 계좌에 보유하고 있다면 양도 소득세를 내야

할 수 있다. 미국 납세자가 ETF를 구입한 경우, 이익을 보고 판매하지 않는 이상 양도 소득세가 부과되지 않는다. 뮤추얼 펀드는 양도 소득세를 내야 하는 방식으로 구성되어 있는 경우가 많다.

내가 인덱스 펀드, 특히 뱅가드를 좋아하는 이유는 투자 비용이 가장 저렴하기 때문이다. 직원과 사무실이 딸린 피터 린치 같은 펀드 매니저가 없으니 비싼 수수료를 내지 않아도 된다. 인덱스 펀드는 대개 1퍼센트 또는 그 이하의 매우 적은 수수료를 부과한다. 저렴한 인덱스 펀드는 0.1퍼센트 이하의 수수료를 부과하는데, 이는 뮤추얼 펀드 수수료의 10분의 1이다. 0.01퍼센트대 수수료는 별것 아닌 것 같지만 매년 소액의 수익을 포기하다 보면 평생에 걸쳐 많은 돈을 잃게 된다.

A와 B, 두 사람이 있다고 가정해 보자. A는 운용 수수료가 0.03퍼센트인 뱅가드 S&P 500 ETF를 구입하고, B는 운용 수수료가 0.75퍼센트인 능동 관리형 뮤추얼 펀드를 구입했다.

A와 B가 각각 1만 달러로 투자를 시작해 30년간 같은 전략을 고수하고, 연 10퍼센트의 수익률을 달성하면서 다달이 포트폴리오에 500달러를 추가한다고 가정해 보자. 이들의 30년 뒤 포트폴리오는 다음과 같다.

- A: 1,154,447.96달러

- B: 999,085.61달러

15만 달러 이상 차이가 난다. 복리의 힘은 순수익의 작은 변화에도 큰 차이를 낳는다.

스토아 철학 속 투자 지혜

사람은 누구나 죽을 수밖에 없으니, 오래 사는 것보다 명예롭게 죽는 편이 낫다.

－무소니우스 루푸스

임종 직전 자신의 모습을 상상해 보자. 거의 평생 투자를 한 덕분에 많은 재산을 보유하고 있다. 그 재산을 세상에 남기고 갈 때 느낄 만족감을 떠올려 보자.

자신의 삶뿐만 아니라 이 재산을 이용해 변화시킬 수 있는 수많은 삶을 생각해 보라. 이것은 영원한 기여다. 그리고 그 대가로 정말 평화로운 기분을 느끼며 세상을 떠날 수 있을 것이다.

투자 전략 되새기기 :

- 돈이 저절로 늘어나게 한다. 투자 내역을 너무 자주 확인하지 말고 복리의 힘으로 재산이 늘어나게 놓아두자. 수익이 상당한

수준에 이르려면 시간이 걸린다.

- ROI(투자 대비 수익)보다 ROT(시간 대비 수익)를 우선한다. 시간은 우리 삶에서 가장 소중한, 재생이 불가능한 자산이다. 돈을 최대한 활용하는 것보다는 시간을 최대한 활용하는 데 집중해야 한다. 고작 몇 퍼센트 수익률을 올리기 위해 시간을 투자할 필요는 없다.
- 자신에게 활력을 주는 일을 한다. 돈을 좇는 데만 집착하기에는 인생이 너무 짧다. 투자하는 동시에 정말 좋아하는 일도 하자.
- 내일로 미루지 말고 오늘 당장 투자한다. 투자하지 않는 이유야 얼마든지 떠올릴 수 있겠지만, 그중 타당한 이유는 거의 없다. 중요한 일은 즉시 하는 습관을 길러야 한다.
- 높은 수수료는 피한다. 수익의 1퍼센트만 포기해도 평생 큰 수익을 놓친다. 투자에 드는 비용을 항상 염두에 둬야 한다.

자신의 판단을 믿어라

상당한 시간을 들여서 투자하는 방법이나 재산을 늘리는 방법에 관해 배웠다면, 이제 더 이상 다른 사람 의견에 따를 필요가 없다. 자신을 믿어야 한다. 나의 재정적인 안녕을 책임지는 사람은 바로 나다. 자신의 판단을 믿고 온전히 책임지는 것이 중요하다. 운보다 논리에 기반을 둔 투자 전략을 이해하고 자신의 행동을 믿자. 이런 사고방식이 자신 있게 부를 쌓고 장기적인 재정 성공을 이룰 수 있게 돕는다.

스탠리 드러켄밀러,
투자 신념의 중요성을 깨닫다

　1953년 펜실베이니아주 피츠버그 중산층 가정에서 태어난 스탠리 드러켄밀러는 1975년 메인주 보든 칼리지에서 영문학과 경제학 학사 학위를 받았다. 그는 한동안 경제학 박사 학위를 따려고도 했지만 결국 학교를 그만두고 1977년 피츠버그 국립은행에서 증권 분석가로 일했다.

　그로부터 불과 4년 뒤, 드러켄밀러는 스물여덟 살에 듀케인 캐피털 매니지먼트Duquesne Capital Management라는 헤지펀드를 설립해서 빠르게 성공을 거두었다. 그의 펀드 중 하나가 단 3개월 만에 40퍼센트나 급등하면서 이 젊은 경영자는 월스트리트의 스타로 각광받았다. 이러한 드러켄밀러의 성공은 1987년에 20억 달러가 넘는 총 운용자산을 보유한 최대 규모의 헤지펀드 중 하나인 퀀텀 펀드를 설립한 조지 소로스의 관심을 끌었다.

　오랫동안 전설적인 경력을 쌓은 쉰일곱 살의 소로스는 자선사업에 더 집중하기 위해 펀드 운영에서 손을 떼고 싶어 했다. 소로스는 1969년에 자본금 400만 달러로 펀드를 설립했는데, 이 자본금에는 본인 돈 25만 달러가 포함되어 있었다. 펀드의 엄청난 규모 덕분에 1970년대와 1980년대 조반에 걸쳐 금융계에서 소로스의 명성도 대단히 높아졌다. 당시 헤지펀드는 오늘날에 비해 규모가 작왔다. 1970년대 일반적인 펀드는 수천만 달러를 운용한 반면, 소로스는 수십억 달러를 관리했다. 소로스는 1987년에《금융의 연금술》이라는 책을 출간하면서 더욱 유명해졌다. 물론 드러켄밀러도 그 책을 읽었다.

1988년 소로스가 서른다섯 살의 드러켄밀러에게 연락해 퀀텀 펀드에 오라고 제안했을 때, 드러켄밀러는 기쁘기도 했지만 조심스러웠다. 드러켄밀러는 소로스가 직원들에게 후한 보상을 해주지만 성과가 좋지 않으면 재빨리 해고하는 것으로 유명하단 걸 알고 있었다. 드러켄밀러는 멘토들에게 퀀텀 펀드에 가야 할지를 물었는데, 멘토들 모두 그러지 말라고 조언했다.

자기 펀드에서 독자적으로 일할 수 있는데, 왜 그걸 포기하고 냉혹한 경영자가 운영하는 대형 펀드사에 합류한단 말인가. 그렇게 되면 드러켄밀러는 자유를 포기해야 할 것이다. 하지만 소로스는 드러켄밀러가 퀀텀에 합류하기를 간절히 원했기 때문에, 그가 퀀텀에서 일하는 동안에도 자기 펀드를 계속 관리 및 운용할 수 있게 해주겠다고 제안했다.

드러켄밀러는 이 제안을 거절할 수 없었다. 그는 자기가 "지금까지 존재한 가장 위대한 투자자"라고 불렀던 경험 많은 소로스에게 배우고 싶었다. 하지만 이런 감탄에는 대가가 따랐다. 소로스가 보여준 인상 깊은 실적을 감안하면, 드러켄밀러 같은 사람이 소로스와 의견이 다를 때 자기 의견을 내기란 쉬운 일이 아니었다. 드러켄밀러는 나중에 "아무리 세계 최고의 투자자라 할지라도 거래 리듬을 깰 만큼 적극적으로 관여한다면 그 코칭은 도움이 되기보다는 방해가 된다"라고 회상했다.

소로스는 다른 사람들, 심지어 자신의 후계자라고 여기는 이들에게도 펀드를 넘겨주고 싶어 하지 않았다. 드러켄밀러는 퀀텀에서 일한 첫해에 본인이 기대한 만큼 성과를 내지 못했다. 압박감이 커졌고 소로스는 그를 위협했다. 드러켄밀러는 소심하지는 않았지만 소로스가 자신의 결정을 재고하는 것을 막을 수 없었다. 1년 후인 1989년 8월, 드러켄밀러가 정말 유지하고 싶어 했던 채권 포지션을 소로스가 매각하면서 상황은 최악으로 치달았다. 소로스가 독단적으로 결정을 내렸기 때문이다.

드러켄밀러는 등에 칼이 찔린 기분이었고 소로스에게 "여기는 너무 답답해요!"라고 소리쳤다. 두 사람은 심한 언쟁을 벌였고, 드러켄밀러는 "그만두겠습니다"라고 마무리지었다. 이는 소로스에게 전환점이 되었다. 그는 정말 퀀텀을 계속 지배하고 싶었던 걸까? 아니면 마침내 다른 사람에게 그 자리를 넘길 마음이 생긴 걸까?

"그만두지 말게." 소로스가 말했다. "내가 떠나겠네."

독자적인 결정권을 보장받은 드러켄밀러는 소로스가 자기 목을 조르지 않는 상태에서 펀드를 지휘하기 시작했다. 1989년 말이 되자 퀀텀의 자산은 이전 해에 비해 31.5퍼센트 증기했다. 드러켄밀러는 그 이듬해에 펀드 규모를 29.6퍼센트 늘렸고, 1991년까지

53.4퍼센트 더 늘렸다.

　소로스는 깊은 인상을 받았다. "내 결정은 매우 훌륭한 조치로 판명되었다." 그는 드러켄밀러에게 업무를 인계한 뒤의 상황을 이렇게 회고했다. "우리는 3년 연속 뛰어난 성과를 거두었고 펀드 역사상 또 다른 호황기를 맞았다."

　퀀텀 펀드의 명성은 드러켄밀러가 소로스의 거래를 도와 그의 유산을 공고히 다진 1992년에 절정에 달했다. 유럽 통화 위기가 발생했을 때 드러켄밀러는 영국 파운드화를 대규모로 투매했다. 1992년 9월 16일(영국에서 '검은 수요일'이라고 부르는 날)에 영국 정부는 유럽 환율 메커니즘European Exchange Rate Mechanism, ERM에서 탈퇴해야 했고, 이 때문에 파운드화가 엄청나게 평가절하되었다.

　그 결과, 퀀텀 펀드는 한 달 만에 10억 달러의 수익을 올렸다. 드러켄밀러는 남들의 주목을 피하고 싶어 하는 성향이었고, 소로스는 각광받는 걸 좋아했기 때문에, 미디어에서는 이를 주로 소로스의 공으로 돌리면서 그를 "영국 은행을 무너뜨린 사람"이라고 칭했다.

　1990년대 후반까지 순조로운 상황이 이어졌지만, 소로스는 드러켄밀러에게 펀드 운영에서 손을 떼겠다고 약속했음에도 개입하고 싶은 마음을 자제하지 못했다. 그는 드러켄밀러에게 연락해서 기술 주식 투자를 확대하라고 재촉했다.

　하지만 드러켄밀러는 자기가 워낙 '고루한 사람'이라 기술업계에 대해서는 자신이 없다고 했다. 기술주는 드러켄밀러가 잘 아는 자산과는 다르게 움직였다. 하지만 소로스 말에 흔들린 그는 결국 기술주에 투자하기로 결심했다. 아마 자존심 문제도 있었을 것이다. 기술 투자 붐이 진행되는 동안 드러켄밀러는 퀀텀보다 규모가 작고 자본도 적은 회사가 돈을 10배 이상 늘리는 모습을 지켜보았다. 그는 이 기회를 놓치고 싶지 않아서 몸이 근질거렸다.

하지만 자신의 전문 분야가 아니라고 생각했기 때문에 드러켄밀러는 실리콘밸리의 자산 관리자인 카슨 레빗Carson Levit을 고용해 자신을 보조하게 했다. 처음으로 다른 사람에게 투자 결정을 맡긴 것이다. 그 결과는 다음처럼 진행되었다.

합리적인 가격이라고 생각하는 자산만 매수하는 드러켄밀러와 다르게 레빗은 가격이 부풀려진 기술주에도 거리낌 없이 엄청난 돈을 지불했다. 드러켄밀러는 레빗의 조언에 따라 인터넷 주식 포트폴리오를 구축하고 시어스Sears와 굿이어Goodyear 같은 우량한 '구경제' 기업 주식을 공매도했다. 기술 기업이 성장하면 이런 기업은 주가가 하락하리라고 생각했던 것이다. 그들의 전략은 효과가 있어서 1999년 말까지 퀀텀 펀드는 35퍼센트의 수익을 올렸다.

단시간 내에 수익을 올린 것에 기뻤던 드러켄밀러는 기술 기업에 두 배로 투자하기로 결정했다. 아마 이때도 좋은 기회를 놓치고 싶지 않다는 생각에 사로잡혔을 것이다. 드러켄밀러의 주요 투자 대상 중 하나는 베리사인Verisign이라는 회사였다. 2000년 2월 말에 이 회사 주가가 258달러까지 오르자 드러켄밀러는 앞으로도 계속 가격이 오를 것이라고 생각했다. 그는 3월 초에 베리사인 주가가 240달러로 떨어지자 이를 단기 하락이라고 여기면서 6억 달러 상당의 주식을 매수했다. 하지만 한 달 후 나스닥이 폭락하면서 베리사인 주가는 135달러로 떨어졌다. 3월에 비해 자그마치 44퍼센트나 폭락한 것이다.

퀀텀의 분위기는 암울해졌다. 트레이더들은 스트레스를 해소하려고 쿠시 볼(2000년대 초반에 유행했던 털복숭이 장난감)을 가지고 놀기 시작했고, 드러켄밀러는 헬스장에 자주 갔다. 하지만 나머지 시간에는 사무실에 틀어박혀 시장을 조용히 지켜보기만 했다.

그렇게 막대한 손실이 발생하자 소로스도 가만히 있을 수 없었다. 그는 드러켄밀러에게 더 자주 전화를 걸기 시작했다. 소로스와 드러켄밀러는 계속 격렬한 논쟁을 벌였다. 베리사인 주가가 계속 무너지면서 드러켄밀러의 다른 베팅도 펀드에 큰 피해를 입히기 시작했다. S&P 500과 다른 구경제 기업 주식에 대한 매도 포지션도 효과가 없었고, 이 때문에 펀드는 더 많은 돈을 잃었다. 그리고 4월 18일에 베리사인 주가가 96달러로 떨어진 것이 치명타가 되었다. 퀀텀 펀드는 그해에 수익률이 22퍼센트 하락했고, 1998년에 220억 달러로 정점을 찍었던 총자산 규모는 76억 달러 감소했다.

퀀텀에서 일하는 대부분의 직원들처럼 레빗도 매일 아침 7시에 드러켄밀러에게 "안녕하세요"라고 인사를 건넸다. 하지만 그날은 평소와 다른 대답이 돌아왔다. 드러켄밀러는 "안녕하냐니, 그게 무슨 말인가? 우린 망했네"라고 말했다. 그리고 그날 일과가 끝날 무렵 드러켄밀러는 사직서를 제출했다.

역대 최고의 투자자 중 한 명으로 꼽혔던 드러켄밀러는 자신의 판단보다 다른 사람의 판단을 신뢰하는 실수를 저질렀다. 그는 본인의 신념에서 벗어난 대가로 당시 최대 규모의 헤지펀드 중 하나를 운용하는 자리에서 내려와야 했다.

판단력 향상을 위한
세 가지 전략

판단은 이용 가능한 정보와 옵션을 평가하고 저울질해서 합리적인 결정을 내리기 위한 과정이다. 좋은 투자자가 되려면 좋은 판단력을 지녀야 한다. 미래는 알 수 없으니 지금 가진 정보를 바탕으로 결정을 내려야 하기 때문이다.

드러켄밀러는 퀀텀에서 일한 초반에 연달아 좋은 결정을 내렸다. 그는 자신의 판단력을 믿었고 소로스에게 자리에서 물러나라고 요구할 만큼 자신감도 있었다. 하지만 10년 뒤에는 더 이상 자신을 믿지 않았다. 기술주가 상승하더라도 본인의 초기 판단을 믿고 기술주에 손을 대지 말았어야 했다.

1999년 3월, 시장이 급등하자 드러켄밀러는 퀀텀 팀 내부에 우려를 표하면서 "난 이 시장이 마음에 들지 않는다. 너무 심각하게 받아들이지 말아야 할 것 같다. 난 스타인하르트처럼 물러나고 싶지 않다"라고 말했다. 전년도에 입은 큰 손실 때문에 1995년에 오랜 경력을 마감한 유명한 헤지펀드 매니저 마이클 스타인하르트Michael Steinhardt를 언급한 것이다.

드러켄밀러가 기술주 거품에 편승하는 걸 반대했던 것은 분명하다. 그는 거품이 터지리라는 사실을 알고 있었지만 언제 터질지는 예측할 수 없었다. 퀀텀 펀드의 수익을 지켜야 한다는 압박감을 느낀 그는 다른 사람을 고용해 기술주 투자를 위임하기로 했다. 드러켄밀러는 자신이 내린 판단을 무시했고, 결국 퀀텀 펀드는 거품에 편승하고 말았다.

올바른 판단은 철학과 투자에서 가장 중요하다. 자립성과 일관성을 유지하는 데 도움을 주기 때문이다. 그렇다면 스토아주의자에게 올바른 판단이란 무엇일까? 스토아주의의 원칙을 염두에 두고 결정 내리는 것을 뜻한다. 다음의 세 가지 스토아주의 전략은 판단력을 강화하는 데 도움이 된다.

전략 1: 감정이 배제된 순수한 판단을 내려라

투자자 찰리 멍거는 "누군가가 (당신보다) 얼마나 빨리 돈을 버는가에 신경 쓰는 건 치명적인 죄악 중 하나다. 질투가 정말 어리석은 죄인 이유는 본인이 결코 즐길 수 없는 유일한 죄이기 때문이다. 고통만 심하고 재미는 없다. 왜 그런 수레에 올라타려고 하는가?"라고 말했다. 하지만 1999년과 2000년의 퀀텀 펀드는 그 수레에 올라타고 싶은 유혹을 무시할 수 없었다.

드러켄밀러만큼 겸손하고 자기 인식이 강한 투자자도 없다. 결국 그는 자신이 기술주에 큰돈을 거는 잘못된 판단을 내렸다는 것을 깨달았다. 사임하고 10일 뒤, 드러켄밀러는 "마이클 조던처럼 정상에서 은퇴하고 싶었는데 나 자신을 너무 과신하는 바람에 일을 망쳤다"라고 말했다.

그는 감정에 휩쓸려 평소에는 하지 않을 위험을 감수했다. 스토아주의자들은 감정과 판단을 분리해야 한다고 믿었다. 이들이 말하는 판단에는 두 가지 유형이 있다.

1. 가치 판단: 감정이 판단에 영향을 미치도록 하는 것
2. 순수한 판단: 감정이 배제된 합리적 판단을 내리는 것

어떻게 해야 순수한 판단을 내릴 수 있을까? 마르쿠스 아우렐리우스가 남긴 유명한 명언이 있다. "해를 입지 않겠다고 결정하면 해를 입지 않은 것처럼 느껴질 것이다. 해를 입지 않았다고 느끼면 해를 입지 않은 것이다." 해를 입었다고 말하면 해를 입은 기분을 느끼게 될 것이다. 감정에 얽매이지 말고 사실을 있는 그대로 바라보면서 피해를 무시하면 순수한 판단을 내릴 수 있다.

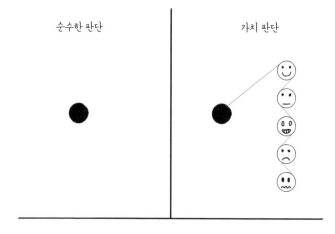

순수한 판단   가치 판단

순수한 판단은 감정에 휩쓸리지 않는 합리적 판단이다. 가치 판단은 항상 의견이나 감정이 따라온다.

그렇다면 순수한 판단은 일상생활에서 어떤 모습으로 나타날까? 방금 직장에서 인사 고과표를 받았는데 기대했던 것과 달랐다고 가정해 보자. 상사에게 부정적인 피드백을 받으면, 그날 저녁 집에 가서 가족에게 "오늘 상처가 되는 평가표를 받았어"라고 말할 것이다. 아우렐리우스는 이럴 때 감정을 버리고 그냥 "오늘 평가표를 받았어"라고 말해야 한다고 했다.

자기 의견에만 의존하면 여러 가지 팩트와 시장 현실을 잘 보지 못하는데, 이는 많은 투자자가 흔히 저지르는 실수다. 예를 들어, 특정 산업이 중요한 차세대 산업이 될 거라고 확신해 해당 업계에 속한 여러 회사에 막대한 투자를 하거나 ETF를 매수했다. 하지만 얼마 후 해당 기업들이 분기 실적을 발표했는데 수익이 크게 감소한 것으로 나타났다. 설상가상으로 전망도 부정적이라서 조만간 수익이 날 것이라고 기대할 수도 없다. 이런 나쁜 소식은 당신이 투자한 회사 주가를 떨어뜨린다. 당신은 업계의 미래에 대한 낙관적인 의견에 너무 집중하는 바람에 팩트에 집중하지 못했다.

2022년 블록체인 업계에서 이런 일이 일어났다. 블록체인은 중개자 없이 정보를 안전하게 기록하고 추적할 수 있는 기술이다. 지난 몇 년간 암호화폐와 분산형 금융의 인기에 힘입어 블록체인 기업들이 기하급수적으로 성장했다. 하지만 이런 암호화폐와 블록체인 기업 대부분에 지속 가능한 사업 모델이 없다는 사실을 모르는 투자자들이 많다. 라이엇 블록체인Riot Blockchain, 마라톤 디지털 홀딩스Marathon Digital Holdings, 코인베이스Coinbase 같은 인기 기업은 2022년에 사상 최고치에서 90퍼센트 이상 하락했다. 투자자들은 직접 데이터를 확인하지 않고, 블록체인과 암호화폐가 2020년과 2021년에 보인 것 같은 속도로 계속 성장할 것이라고 말하는 여론 주도자들의 분석에 흔들렸다.

투자자는 자신의 의견, 감정, 자존심에서 벗어나 데이터와 팩트에 기반한 순수한 판단을 내려야 한다. 우리 의견은 틀릴 수 있지만 데이터는 항상 옳기 때문이다.

전략 2: 결과에 집착하지 마라

우리는 결과를 통제할 수 없다는 생각이 스토아 철학의 근간을 이룬다. 순수한 판단에 기반해서 좋은 결정을 내리더라도 좋지 못한 결과가 발생할 수 있고, 그 반대도 마찬가지다. 때로는 좋지 못한 결정을 내렸는데 그게 좋은 결과로 이어지기도 한다.

스토아주의자는 좋은 결정을 내린 뒤 결과에 집착하지 않는 것을 목표로 삼는다. 잠재적 결과를 무시하라는 얘기가 아니다. 일단 결정을 내리면 결과는 문제 삼지 말아야 한다는 뜻이다. 무슨 일이 일어날지 계속 걱정하고 있을 수는 없다. 그리고 좋은 결정을 내렸지만 예상대로 되지 않았을 때 자신을 비난하지 말아야 한다.

세네카가 말했듯이 "미래를 두려워하고 비참함을 예상하면서 미리 괴로워하고, 즐거움을 주는 대상을 끝까지 소유하고 싶어 하는 불안한 욕망에 사로잡히는 것은 영혼에게 비극이다. 그런 영혼은 결코 안식을 누릴 수 없다. 미래를 기다리기만 하면 지금 누릴 수 있는 축복을 잃게 된다. 그리고 잃어버린 것에 대한 슬픔과 그것을 잃게 될까 봐 두려워하는 것은 별 차이가 없다."

스토아주의자는 자신의 가치에 일치하는 결정을 내리는 것을 목표로 삼는다. 부러움, 탐욕, 두려움을 피하기 위해서다. 좋은 결과를 얻기 위해 최선을 다해야 하지만 실제 결과는 우리 손에 달려 있지 않다.

드러켄밀러는 NBA 결승전에 여섯 번 나가서 여섯 번 모두 우승한 마이클 조던처럼 은퇴하고 싶었다. 닷컴 버블이 가져온 악재로 인해 퀀텀 펀드에서는 그럴 수 없었지만 그럼에도 그는 멈추지 않았다. 그는 퀀텀 펀드에서 일하는 동안에도 자신의 펀드인 듀케인 캐피털의 소유권을 포기하지 않았는데, 자기 펀드에서는 손해를 본 적이 없었다. 퀀텀에서 좋지 못한 실적을 올렸던 해에도 그랬고, 2008년 금융위기 때도 마찬가지였다. 그는 퀀텀을 떠나고 난 뒤 다시 듀케인에 전념했다.

결과에 집착하지 않으면, 지금 눈앞에 있는 것에 모든 시간과 에너지를 쏟을 수 있다. 최선을 다해 결정을 내리고, 일단 결정이 끝나면 불안이나 후회 없이 앞으로 나아갈 수 있다.

전략 3: 자기 능력의 한계를 직시하라

우리는 다른 사람의 실수와 나쁜 행동은 쉽게 알아차린다. 하지만 자신을 바라봐야 할 때가 되면 시선을 돌리곤 한다. 아마도 자기가 모든 걸 알지 못한다는 사실을 인정하고 싶지 않거나, 자신에게 솔직해지는 것이 고통스럽기 때문일 것이다. 모른다는 사실을 인정하는 건 어렵다. 그래서 다른 사람에게 주식 팁을 얻은 뒤 별 생각 없이 결정을 내리는 경우가 매우 많다.

한국계 일본인 투자자 손 마사요시는 겁 없는 투자자로 명성이 자자하다. 그의 베팅 중 상당수는 실패했다. 하지만 매우 좋은 성과를 올린 투자도 많은데 그중 알리바바가 가장 유명하다. 2000년에 알리바바 그룹에 투자한 2,000만 달러는 2018년이 되자 그 가치가 1,300억 달러로 급증했다. 외부에서 볼 때는 그의 투자가 매우 위험해 보이지만 그에게는 일정한 투자 프로세스가 있다. 그의 투자 전략은 새로운 기술을 이해하고 그것이 주류에 편입되기 전에 투자하는 것이다.

하지만 전략적 투자자도 실수를 저지른다. 《뉴욕타임스》 기자 앤드류 로스 소킨Andrew Ross Sorkin과 나눈 대화에서, 손 마사요시는 친구 한 명이 순자산의 1퍼센트를 비트코인에 투자하라고 권했다는 이야기를 꺼냈다. 그래서 그는 비트코인에 2억 달러를 투자한 뒤 상황을 지켜봤다고 한다. "매일 가격을 확인했는데, 계속 오르락내리락하는 걸 보고 별로 느낌이 좋지 않다고 말했죠. 이해할 수 없는 일이었어요. 내 소비자 마인드도 다소 영향을 받았죠. 하루에 최소 5분 이상 가격을 살펴보는 바람에 집중력까지 흐트러졌어요. 나중에 가격이 더 오를 수도 있고 내릴 수도 있겠지만, 하루에 1분이라도 가격을 쳐다보며 지내고 싶지 않았습니다. 그래서 가격에 상관없이 그냥 팔아버리겠다고 했고, 결국 손해를 보고 팔았죠. 팔고 나니 훨씬 기분이 좋아졌습니다."

손은 비트코인 거래에서 돈을 잃었다. 하지만 기술 회사에 투자하는 일에 모든 시간을 집중할 수 있게 되었다. 손은 자기가 비트코인을 이해하지 못한다는 사실을 인정할 만큼 감정적으로 강인한 사람이고, 투자 결과도 받아들였다.

본인이 내린 판단을 신뢰하려면 자기 능력의 한계를 인정해야 한다. 그건 잘못된 일이 아니다. 가장 숙련된 투자자들도 자기가 이해하지 못하는 자산은 피한다. 하지만 이해하지 못하는 대상을 피하려면 자기가 모든 걸 다 알지 못한다는 사실을 솔직하게 인정해야 한다. 이런 자기 인식은 확실한 강점이 있는 분야에서 더 큰 성공을 거둘 수 있는 길을 열어준다.

스토아 철학 속 투자 지혜

사람들은 모든 것에서 벗어나 시골이나 해변, 산으로 떠나려고 한다. 당신도 항상 그럴 수 있기를 바랄 것이다. 하지만 그건 어리석은 일이다. 당신은 언제든 원할 때 벗어날 수 있지만 … 당신이 갈 수 있는 곳 가운데 자신의 영혼보다 더 평화롭고 방해받지 않는 곳은 없다.

— 마르쿠스 아우렐리우스

다양한 교육을 받거나 다재다능한 사람이 되려는 것은 자기 자신을 신뢰할 수 있는 사람으로 만들려는 노력이다. 살면서 돈과 관련해 반드시 내려야 하는 힘든 결정을 피하지 말자. 스스로 결정을 내리고 직접 돈을 관리할 수 있는 사람이 되는 것을 목표로 삼아야 한다. 재정 자문이나 자산 관리사를 고용하더라도 투자 전문가만큼 잘 아는 것을 목표로 삼자.

자기가 뭘 알고 뭘 모르는지 파악하려면 자기 인식을 제대로 해야 한다. 투자자로서 자신이 가진 능력을 과소평가하거나 과대평가하지 말아야 한다.

세상에 당신만큼 당신 돈에 신경 쓰는 사람은 없다는 사실을 절대 잊지 말자.

투자 전략 되새기기 :

- 투자 결정을 내릴 때는 자신이 독립적으로 사고할 수 있는 사람이라는 것을 믿고 자신의 판단을 따라야 한다. 올바른 판단을 위해서는 신중하게 심사숙고한 뒤에 결정을 내려야 한다.

- 순수하게 판단하고 사실에 근거해서 결정해야 한다. 다시 말해, 개인 감정이 섞이지 않은 합리적이고 순수한 판단을 내리라는 뜻이다.

- 결과와 거리를 둔다. 뭔가를 결정하는 순간 결과에 집착하지 말아야 한다. 좋든 나쁘든 일어나는 일을 그대로 받아들이자.

- 자기가 뭘 모르는지 알아야 한다. 세상에 존재하는 금전적 기회를 다 파악하기에는 인생이 너무 짧다. 최고의 투자자들도 특정한 투자나 자산에 대해서는 알지 못한다. 자기가 모르는 게 뭔지 파악하면 아는 것에 집중하는 데 도움이 된다.

원래 세웠던 투자 전략에서 벗어나지 마라

아무리 뛰어난 투자 전략을 세우더라도 그 전략을 계속 고수하지 않는다면 돈을 모을 수 없다. 투자 가능한 자산은 수십만 가지나 된다. 하지만 당신을 부자로 만들어주는 것은 투자하기로 한 자산 유형이 아니다. 결정적인 요소는 바로 행동이다. 부를 향한 길에서 우리는 선택한 방법과 모순되는 수많은 조언이나 다른 투자 방식을 만나게 될 것이다. 자신이 선택한 길에 대한 확고한 믿음은 일관성을 유지하는 데 도움이 된다. 그 길을 꾸준히 유지하면 상당한 부를 축적할 수 있을 뿐만 아니라, 동료들은 물론이고 대부분의 전문 자산 관리지보다 더 좋은 성과를 낼 수도 있다.

모니시 파브라이,
위험을 최소화하는 투자 전략으로 성공하다

모니시 파브라이는 뭄바이의 빈곤한 환경에서 자라났다. 1964년에 태어난 그는 가족과 함께 월세 20달러짜리 작은 아파트에서 살았다. 그의 아버지 옴 파브라이는 여러 번 파산을 겪은 기업가였다.

아버지가 노력하다가 실패하는 모습을 보는 건 힘들었지만, 파브라이는 일관성이 얼마나 중요한지를 깨달았다. 그는 아버지가 파산이라는 끊임없는 압박 속에서 어떻게 회복력을 유지했는지 기억한다. "아버지는 '나를 벌거벗겨서 황무지 한가운데에 있는 바위에 눕혀놓아도 사업을 시작할 것이다'라고 말씀하시곤 했다."

하지만 낙관주의가 그 즉시 보상을 안겨주지는 않았다. 파브라이는 어린 시절 내내 가난하게 살아야 했다. 그는 부모님이 가진 돈을 전부 잃는 모습을 여러 번 목격했다. "모든 걸 잃었다는 말은 당장 내일 먹을 것을 살 돈도 없고, 집세를 낼 돈도 없다는 뜻이다"라고 파브라이는 회고했다. 이런 힘든 어린 시절은 그에게 공부를 해야 한다는 동기를 부여했다. 파브라이는 고등학교를 졸업할 때 반에서 3등을 차지했다.

졸업 후, 부모님은 그가 가업을 잇기를 기대했다. 하지만 고등학교에서 좋은 성적을 거둔 파브라이는 다른 목표를 염두에 두고 있었다. 그는 아버지 밑에서 일하고 싶지 않았고 인도에서 학위를 받고 싶지도 않았다. 그는 부자가 될 기회가 더 많아 보이는 미국에서 공부하고 싶었다. 결국 1983년 사우스캐롤라이나주에 있는 클렘슨 대학에 입학해 1986년 컴퓨터 공학 학위를 받았다. 파브라이는 재무학 수업에서 매우 우수한 성적을 받았다. 교수가 공학 대신 재무학으로 전공을 바꾸라고 조언할 정도였다.

하지만 파브라이는 자신의 계획을 바꿀 생각이 없었다. 그는 교수의 조언을 무시하고 공학을 전공했다. 1986년에 졸업한 파브라이는 텔랩스Tellabs라는 네트워크 기술 공급업체의 R&D 부서에서 일하게 되었다. 하지만 직장 생활 5년 만에 그는 일에 대한 열정을 잃었다. 변화할 때가 왔다는 뜻이었다. 그는 더 이상 다른 사람 밑에서 일하고 싶지 않았다. 이전과는 달리 기업가가 되고 싶었다.

하지만 아버지와는 다른 길을 가고 싶었다. 그래서 직장을 그만둔다는 위험한 결정을 내리는 대신, 부업으로 트랜스테크TransTech라는 회사를 차렸다. 고객에게 IT 컨설팅과 시스템 통합 서비스를 제공하는 회사였다. 10개월 후, 파브라이는 자신의 새로운 사업이 지속적으로 충분한 수익을 낼 수 있다고 느꼈다. 덕분에 전업으로 사업을 추진할 자신감을 얻었고, 텔랩스에 사표를 제출했다.

6년 후인 1996년, 트랜스테크는 Inc. 500(미국에서 가장 빠르게 성장하는 민간 기업 500개 – 옮긴이) 기업으로 인정받았다. 또 이즈음 파브라이는 100만 달러의 저축액이 있을 만큼 충분한 돈을 벌었다. 어느 날 런던 히드로 공항에서 비행기를 기다리던 그는 피터 린치가 쓴 《전설로 떠나는 월가의 영웅》를 샀고, 이 책을 통해 복리의 힘과 투자에 대한 장기적인 접근 방식에 대해 배웠다.

파브라이는 그 책에서 워런 버핏도 알게 되었다. 그는 버핏이 주식에 투자해서 벌어들인 엄청난 부에 큰 감명을 받아 자신도 그렇게 하고 싶었다. 린치의 책을 읽은 그는 버핏과 그의 파트너인 찰리 멍거에 관한 모든 자료를 읽기 시작했다. 1990년대 후반까지 파브라이는 버핏과 멍거의 가치 투자 전략을 성공적으로 활용했다.

그는 회사를 계속 성장시켜 나가면서 자기가 트랜스테크에서 일하는 것보다 주식시장에 더 흥분한다는 사실을 깨달았다. 1999년 어느 월요일 아침, 잠에서 깨어난 파브라이는 자기 회사에 아무런 흥미도 느끼지 못했다. 트랜스테크는 매출이 계속 증가하는 안정기에 접어든 사업이었다. 하지만 파브라이는 트랜스테크에서 계속 일하거나 다른 사업을 시작하기보다 투자에 전념하고 싶었다. 그는 기술주 거품이 절정에 달했던 1999년에 트랜스테크를 2,000만 달러에 매각했다.

파브라이는 투자자 여덟 명에게 모은 90만 달러와 자기 돈 10만 달러를 더해 현재 파브라이 펀드라고 알려진 투자 펀드를 시작했다. 파브라이는 여기에 자신의 전 재산을 걸고 싶지 않았다. 자신의 기술과 투자 전략에 자신이 있었지만 그래도 신중하게 움직였다.

하지만 다른 사람에게 투자를 받으려면 그에 대한 대가를 치러야 한다. 투자자는 돈을 주면서 1~2년 내에 투자 수익을 돌려줄 것을 기대한다. 하지만 파브라이는 단호하게 장기적인 관점을 취했고 가치 투자 규칙을 엄격하게 따랐다. 파브라이는 버핏이 전략을 고수한 덕분에 좋은 성과를 거뒀다는 걸 알고 있었다.

벤저민 그레이엄이 쓴 《현명한 투자자》를 읽으면 누구나 가치 투자에 대해 배울 수 있다. 또 버핏에 관한 수많은 책을 읽으면 누구나 버핏이 어떻게 투자하는지 배울 수 있다. 가치 투자에는 특별한 비결이 없다. 저평가된 회사를 찾아 주식을 매수하고 기다리기만 하면 된다. 이 마지막 부분이 어렵고, 실패한 가치 투자자들은 보통 이 부분에서 실수를 저지른다.

하지만 파브라이는 가치 투자에 열광했다. 그는 한 치의 어긋남도 없이 전략을 실행했다. 그는 대부분의 투자자들이 특정 전략을 고수하지 않는다는 사실이 마음에 들었다. 파브라이는 "좋은 소식은, 내가 룰조차 제대로 모르는 선수들과 경쟁하고 있다는 것이다"라고 말했다. 파브라이는 자신이 세운 투자 전략을 실행하는 능력에 자부심을 느꼈고, 구자라트어로 '부'를 뜻하는 단어 단도_{dhandho}를 빌려와서 이를 단도 투자라고 불렀다.

단도 투자와 가치 투자 모두 주식을 선택할 때는 동일한 방법을 따르지만, 단도 투자는 위험을 최소화하는 데 중점을 둔다. 위험을 최소화하는 동시에 수익을 극대화하는 것은 파브라이의 출신에서 비롯된 성향이나. 이민사인 그는 아무리 작은 위험도 감수할 이유가 없다고 생각한다. 버핏의 회사인 버크셔 해서웨이는 가끔 스노

플레이크Snowflake 같은 기술 스타트업에도 투자하지만, 파브라이는 장기간 성공한 역사가 있는 회사에만 투자했다.

파브라이의 전략은 위험 감수도가 낮음에도 성공했다. 파브라이 펀드는 2000년부터 2018년까지 1,204퍼센트의 수익률을 올렸다.

파브라이의 투자 전략을 따르려면 아닌 것에 엄격해야 한다. 파브라이는 수많은 회사 목록을 살펴보고도 적당한 투자 대상을 찾지 못한다면 현재 포지션을 고수할 것이다. 2008년에 주식시장이 붕괴되었을 때, 그는 저평가된 것으로 보이는 회사 열 곳에 투자했다. 투자 대상 중에는 피나클 항공Pinnacle Airlines Corp., 에어 트랜스포트 서비스Air Transpork Services, 테크 코민코Teck Cominco, 호스헤드 홀딩Horsedhead Holding 같은 알려지지 않은 기업이 포함되어 있었는데, 이 회사들은 시장 폭락에도 2008년부터 2009년까지 200퍼센트가 넘는 수익률을 올렸다.

그 뒤 파브라이는 2011년에 단 두 회사의 주식만 매수했고, 2012년에는 세 회사의 주식만 사들였다. 그 이듬해에는 어떤 주식도 사지 않았다. 그다음 해에도 몇몇 회사에만 투자하면서 위험성이 낮은 기회를 추구한다는 자신의 규칙을 어기지 않았다.

파브라이는 끈기만 있으면 누구나 부를 축적할 수 있다는 걸 보여주었다. 그는 많은 위험을 감수하지 않았고 독특한 투자 전략도 없었다. 그는 가치 투자 전략을 취하면서 위험을 최소화하는 데 중점을 두었고, 그 전략을 완벽하게 실행했다.

계획을 세우고
일관되게 실행하는 법

성공을 판가름하는 가장 중요한 요소는 일관된 실행이다. 에픽테토스는 "뭔가를 하기로 마음먹었으면 결심을 고수하고 그 일을 반드시 실행하겠다고 다짐해라. 다른 사람들이 하는 말은 신경 쓰지 마라. 그 말이 어떤 식으로든 당신에게 영향을 미쳐서는 안 된다"라고 말했다.

일관성이 투자 성공을 판가름한다. 어떤 유형의 전략을 사용하는지보다, 그 과정을 끝까지 고수하면서 완벽하게 실행할 수 있는지가 더 중요하다. 효과가 검증된 투자 전략은 사실 몇 개 안 되고, 이는 이미 수십 년 전부터 알려져 왔다.

1. 기술적 분석과 모멘텀 투자는 1900년대 초에 제시 리버모어 같은 트레이더가 시작했다. 기술적 분석은 과거의 시장 데이터를 이용해 추세와 패턴을 파악하는데, 트레이더는 이전의 가격 데이터를 면밀히 조사해서 미래 움직임을 예측한다.
2. 펀더멘털 투자는 1930년대에 벤저민 그레이엄이 가치 투자를 도입하면서 시작되었다. 펀더멘털 투자는 회사의 재무 상태와 다른 경제 요인을 분석하여 장기적인 내재적 가치와 성장 잠재력을 판단하는 데 중점을 둔다. 성장 투자는 미래에 강

력한 성장 가능성을 보이는 회사에 초점을 맞춘 펀더멘털 투자의 한 형태다.

3. 퀀트 투자는 1970년대 에드워드 소프의 연구 덕분에 인기를 끌었다. 퀀트 투자는 수학 모델, 통계 분석, 기타 정교한 계산 기술을 사용해 시장에서 투자 기회를 파악하는 것이다.

4. 수동형 투자는 주로 존 보글의 연구를 통해 1970년대 후반에 도입되었다. 특정 지수를 추적하는 주식이나 채권의 다각화된 포트폴리오에 투자해서 낮은 수수료와 최소한의 노력으로 시장 수익을 달성하는 것을 목표로 한다.

이것이 전부다. 그런데도 매년 시장보다 높은 수익을 올리는 비결을 알려주겠다고 주장하는 책이 수백 권씩 출간된다. 그 책들은 모두 '새로운' 전략을 제안하지만, 이는 사실 기존 전략 체계에 대한 다른 견해일 따름이다.

성공하지 못한 투자자들은 자신의 전략에 문제가 있다고 생각한다. 원하는 결과를 얻지 못하면 바로 다른 전략이 필요하다고 판단한다. 이런 투자자들은 시장보다 높은 수익을 내는 비결을 알려준다는 정보 상품을 판매하는 금융업계 사람들에게 도움을 받는다.

하워드 막스는 《투자와 마켓 사이클의 법칙》이라는 책에서 투자자를 속이려는 사람들에 대해 경고했다. "이 업계에서 48년간 일하면서 수십 가지 묘책을 보았다. 하지만 그중 효과가 입증된 것은 하나도 없다. 위험 없이 높은 수익을 낼 수 있는 투자 전략이나 전술은 없다. 특히 수준 높은 투자 기술을 갖추지 못한 매수자라면 더욱 그렇다." 세상에 그런 묘책이나 성공적인 투자 전략이 있다면 우리 모두 그것에 대해 알고 있을 것이다.

어떤 전략이 가장 좋은지 알아내는 것보다 효과적인 전략에 전념해야 성공적으로 투자할 수 있다. 강세장이나 약세장에 상관없이 자신이 세운 계획을 계속 따르려면 다음 전략을 적용해 보자.

1. 잡음을 무시해라

1999년에는 주식시장 소식이 주류 신문까지 장악했다. 기술 주식이 너무 인기가 많아져서 유명한 기술주 거래소인 나스닥은 3,700만 달러를 들여 타임스 스퀘어 중심부에 8층짜리 비디오 스크린까지 설치했다. 1999년 12월 29일자 《뉴욕타임스》 기사에 따르면, 이 스크린은 "주식시장에서 나스닥보다 유명한 경쟁자인 뉴욕 증권거래소와 경쟁할 수 있는 글로벌 시장에 대중적으로 다가가기 위해 설치한 것이다." 미국인 수백만 명이 기술주에 매료되었고, 주류 언론은 이를 집중적으로 보도했다. 《뉴욕타임스》 기사가 나간 지 3개월 뒤, 닷컴 버블이 터지기 시작했다.

파브라이는 기술 주식이 얼마나 훌륭한지 떠드는 소리를 무시했다. 대신 그는 피터 린치와 워런 버핏 같은 투자자를 살펴보았다. 그들에게는 수십 년간 적용해 온 구조, 즉 전략이 있었기 때문이다.

파브라이의 마음을 잡아당긴 것은 당시 고공행진을 하던 주식이 아니라 바로 그런 전략이었다.

장기 투자자가 되려면 신호와 소음을 구별할 줄 알아야 한다. 소셜 미디어에 들어가면 주식 투자 팁이나 경고가 사방에 즐비하다. 강세장일 때는 주식시장의 천재들이 시장보다 높은 수익을 낼 수 있는 비결이 있다고 설득하려 든다. 약세장일 때는 똑같은 천재들이 다음 폭락에서 살아남기 위한 청사진을 들이민다. 하지만 시장을 완벽하게 예측할 수 있는 사람은 아무도 없다. 아무리 노련한 투자자라 할지라도 불가능하다. 자기는 앞날을 예측할 수 있다고 말하는 어리석은 사람은 무시해야 한다.

2. 주식에 투자하지 않는 사람과 자신을 비교해라

가능하면 다른 사람과 자신을 비교해선 안 된다. 하지만 스토아주의자들은 이런 인간적인 경향을 피할 수 없다고 생각했다. 우리는 우리보다 부유하거나 돈을 더 많이 쓰는 사람을 보면 그렇게 살고 싶다고 생각한다. 그런 생각 때문에 정도에서 벗어나는 일이 벌어지기도 한다.

문제는 원래 계획에서 벗어나면 부를 축적하기 위한 장기 전망에 심각한 해를 끼칠 수 있다는 점이다. 단기간 내에 부자가 될 수 있다는 말에 현혹되어 전 재산의 50퍼센트를 투자하기로 했는데 그중 상당 부분을 잃는다면, 그 손실을 회복하기 위해 몇 년간 고생

해야 할 수도 있다.

다른 사람과 자신을 비교하기 시작한 것을 알아차리게 되면, 세네카가 친구 루킬리우스에게 편지로 가르쳐준 정신적 비법을 시도해 보자. 세네카는 자신보다 뛰어나거나 더 똑똑하거나 더 많은 걸 이룬 사람을 쳐다보지 말라고 조언한다. 대신 "자신이 이룬 많은 일들을 계속 떠올려라. 자기 앞에 있는 이들을 쳐다볼 때면 뒤에 있는 사람들도 생각하라"라고 권했다.

다른 사람과 자신을 비교하는 데 집착한다면, 큰 성공을 거둔 사람뿐만 아니라 모든 사람을 자신과 비교해야 한다. 지금 인생의 어느 지점에 있든, 당신이 가진 것 중 일부를 가지지 못한 사람들이 항상 있을 것이다. 그걸 깨달으면 자기가 가진 것과 이미 이룬 것을 감사히 여기게 될 것이다.

3. 본인이 통제할 수 있는 재정적 목표를 정해라

파브라이는 포트폴리오에 주식을 몇 개만 보유하고 있는 것으로 유명하다. 2023년 7월 현재 그는 세 개의 포지션만 가지고 있는데, 그중 하나인 마이크론 테크놀로지Micron Technology, Inc.가 전체 포트폴리오의 77퍼센트를 차지한다.

그는 매수하는 주식을 매우 신중하게 고르고, 매수할 때는 많은 금액을 투자한다. 파브라이의 투자 프로세스는 자신이 통제할 수 있는 목표를 설정하는 것을 중심으로 돌아간다. 그는 투자를 통해 특정한 액수의 수익을 얻는 것을 목표로 삼는 대신, 자기가 조사에 투자하는 시간에 집중한다.

축적하려는 부의 기대치에 대해서는 잔인할 정도로 솔직해져야 한다. 40대에 은퇴하는 게 좋게 느껴질 수 있지만, 20대와 30대에 연봉을 수십만 달러씩 받지 못한다면 이건 현실적이지 않은 목표다. 특히 대부분의 사람들이 40대와 50대에 더 많은 연봉을 받는다는 사실을 고려하면 더욱 그렇다. 이때가 수입이 가장 많은 시기다.

그때 자기가 얼마나 벌고 있는지, 현실적으로 그중 얼마나 투자할 수 있는지 살펴봐야 한다. '연간 2만 달러를 투자하고 싶다'처럼 특정 액수를 정해놓기보다는 비율로 생각하는 것이 좋다.

순소득의 30퍼센트를 저축하거나 투자하는 것은 훌륭한 목표다. 그러면 나머지는 일상적인 필수품과 즐거움을 위해 쓸 수 있다. 그렇게 많이 저축할 수 없으면 10퍼센트를 목표로 삼는 것도 좋다. 10퍼센트도 저축할 수 없다면 라이프스타일 수준을 낮추고 더 많이 저축해야 한다.

재정 목표가 무엇이든 통제할 수 있는 투자 측면에 집중하자.

1. **재량 지출**: 취미 활동이나 TV 시청 같은 필수적이지 않은 항목에 들어가는 비용을 말한다.
2. **노력**: 일과 개인 교육에 투자하는 시간과 에너지의 양이다. 습득하는 기술이 많을수록 본인이 시장에서 제공할 수 있는

가치가 커진다.

3. **일관성:** 단기적으로는 가치가 없어 보이더라도 저축하고 투자하는 습관을 계속 유지해야 한다.

유베날리스는 "모두들 지식을 원하지만 그 대가를 치르려는 사람은 소수뿐이다"라고 말했다. 좀 더 부유한 미래를 위해 우리가 치러야 하는 대가는 오늘 돈을 조금 따로 떼어놓는 것이다. 내가 보기에는 나쁘지 않은 거래 같다.

스토아 철학 속 투자 지혜

열심히 일해서 좋은 성과를 거두면, 힘든 노동에 대한 기억은 금방 사라지지만 좋은 일에 대한 기억은 오래간다. 반면 쾌락을 추구하면서 부끄러운 일을 하면, 쾌락은 금방 사라지고 부끄러움만 오래 남는다.

– 무소니우스 루푸스

힘든 프로젝트를 그만뒀을 때, 또는 새로운 것을 배우기보다 쉬운 길을 택했던 때를 떠올려보자. 나중에 어떤 기분이 들었는가? 기분이 썩 좋지 않았을 것이다. 반대로 지루한 작업을 참으면서 중요한 일을 해냈던 때를 생각해 보자. 프로젝트 완료, 학위 취득, 해외 이사, 새로운 사업 시작, 예술품 제작, 아이들을 위한 나무집 만

들기 같은 것 말이다. 이런 일을 해내면 자랑스러운 기분이 든다. 힘든 일 끝에 얻는 성취감은 무엇과도 바꿀 수 없다. 이런 활동에 집중하자.

투자 전략 되새기기 :

- 우리를 부유하게 만드는 것은 전략이 아니라 실행이다. 투자자들은 항상 더 많은 돈을 벌 수 있는 완벽한 전략을 찾고 있지만 세상에 그런 전략은 없다. 그보다는 좋은 투자 전략을 완벽하게 실행하는 것을 목표로 삼자.

- 자신의 행동에 집중한다. 사람들은 항상 주식으로 얼마나 많은 돈을 벌었는지 자랑할 것이다. 그런 이야기는 무시하자. 그저 소음일 뿐이다.

- 투자하지 않는 사람들과 자신을 비교한다. 자신보다 부유한 사람들을 바라볼 때는 덜 부유한 사람들을 보는 것 또한 잊지 말아야 한다.

- 자신이 통제할 수 있는 재정 목표를 정한다. 매달 소득의 일정 비율을 저축하거나 투자하는 것을 목표로 삼는다. 비율을 정하면 최대한 지켜야 한다.

스토아 철학이
가르쳐주는

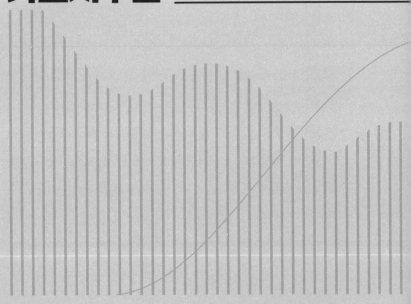

투자 테크닉

주식 투자, 어떻게 시작할 것인가

세네카의 인생은 두 단계로 요약할 수 있다. 인생의 첫 단계에서 그는 교육을 받고 서구 세계의 수도인 로마로 이주해 오랫동안 정치 경력을 쌓았다. 예순두 살에 시작된 인생의 두 번째 단계에서는 로마의 바쁜 생활 방식에서 벗어나기로 결심했다. 그때까지 상당한 부를 축적한 세네카는 이탈리아에서 가장 아름다운 몇몇 곳을 여행할 여유가 생겼다.

현대인인 우리도 그와 비슷한 삶의 과정을 따르려고 한다. 인생의 첫 번째 단계는 교육을 받고, 생계를 유지하고, 돈을 모으는 데 바친다. 이를 자산 축적 단계라고 설명하는 경우가 많다. 그다음에는 은퇴 단계가 이어진다. 대부분의 재무 설계사들은 자기가 자산

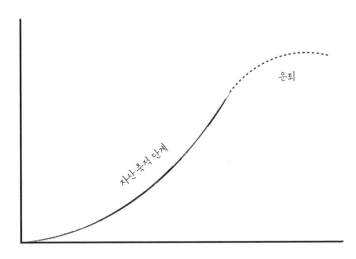

자산 축적 단계는 우리 삶에서 가장 큰 부분을 차지한다. 이 단계에서는 돈을 모으는 데 중점을 둔다. 은퇴하면 가진 돈에 의지해서 살아가야 하며, 재산을 늘리는 것은 더 이상 우선순위가 아니다.

축적 단계에 있는지, 아니면 은퇴 단계에 있는지에 따라 투자 방식을 달리해야 한다는 데 동의한다. 한 단계에서 다른 단계로 넘어가는 데 명확하게 정해진 연령은 없다. 세네카처럼 예순두 살일 수도 있고 아닐 수도 있다.

이 장에서는 내가 자산 축적 단계에서 제안하는 스토아주의 투자 전략에 대해 다룰 것이다(14장에서는 은퇴 단계에 대해 자세히 알아보겠다).

어떻게
투자할까?

이 책에서 철학 이야기에 많은 부분을 할애한 이유는 그것이 투자 성공의 열쇠이기 때문이다. 하지만 투자에 성공하려면 철학적인 동시에 실용적이어야 한다. 어떻게 실용적으로 투자해야 할지 하나씩 살펴보자.

주식 투자를 처음 하는 사람은 시작하기 전에 비상 자금을 확보해 둬야 한다. 이건 위험하지 않은 곳, 가능하면 고수익 저축 계좌에 따로 보관해 둔 돈을 말한다. 경험상 6개월분 경비를 확보해 두는 것이 좋다. 이 자금은 예상치 못한 상황에 직면했을 때 재정 혼란을 피하는 데 도움이 된다. 어떤 상황에서도 경비와 생활비에 필요한 돈을 주식에 투자해선 안 된다.

그런 다음 장기 투자를 위해 따로 떼어둘 수 있는 돈을 어디에 투자할지 정해야 한다. 이 책 전체에서 이 질문에 대한 답을 했다고 생각한다. S&P 500 지수 펀드에 투자하면, 좀 더 광범위한 주식시장에 직접 노출되고 경제 성장에 따른 이익을 얻을 수 있다. 경제가 성장하면 그에 따라 주식 포트폴리오도 커진다. 이는 시작하기에 완벽한 전략이다. 시간이 거의 걸리지 않기 때문이다. 나중에 원하는 만큼 정교하고 적극적으로 투자할 수 있다. 지금은 시작하는 데만 집중하자.

자본 배분과 관련해 내가 추천하는 방법은 전부 미국 주식에 투자하는 것이다. 적어도 처음에는 그렇게 하는 것이 좋다. 투자를 막 시작할 때 해외 주식을 소유하거나 다른 자산 클래스를 소유해 포트폴리오를 다각화할 필요는 없다. 투자할 돈을 전부 S&P 500 인덱스 펀드에 투자하면 간단하게 처리할 수 있다.

채권은 피해야 한다(채권은 수익률이 낮은데, 14장에서 자세히 설명하겠다). 임대용 부동산 매수도 피하자. 거래를 성사시키는 데 시간과 에너지가 필요하고, 부동산은 역사적으로 주식보다 성과가 낮았다. 물론 채권이나 부동산에 투자하는 게 절대 금물이라는 말은 아니다. 상황에 따라 필요하다면 다른 자산에 투자하는 것도 괜찮다.

이제 증권 계좌나 퇴직 연금 계좌를 개설해서 투자를 시작해야 한다. 가장 좋은 방법은 고용주를 통해 401(k) 퇴직 연금 계좌를 개설해서 세금 혜택을 받는 것이다. 자세한 사항은 인사부에 문의하면 된다.

이 납입금은 과세가 유예되어 세전 급여에서 공제되므로 소득세를 덜 내게 된다. 일부 고용주는 개인이 납입한 금액의 일정 비율까지 매칭해서 같이 넣어주기 때문에 퇴직 연금 계좌에 상당한 도움이 된다.

고용주가 후원하는 대부분의 퇴직 연금 계좌는 최소 하나 이상의 S&P 500 인덱스 펀드를 제공한다. 대부분의 사람들은 401(k)에 최대 납입금을 넣는 것만으로도 충분하므로 개인 은퇴 계좌 같은 추가적인 세금 혜택 계좌가 필요하지 않다. 자영업자라면 원하는 증권사를 통해 개인 401(k) 계좌에 가입할 수 있다. 나는 뱅가드를 추천한다.

미국 외 지역에 거주하는 경우에는 고용주를 통해 그 나라에 과세가 유예되는 투자 상품이 있는지 확인하자. 그런 게 없다면 증권 계좌를 통해 S&P 500 ETF(미국에 거주하는 경우 티커 기호 VOO, 유럽에 거주하는 경우 VUSA를 검색)를 구입하고 개인 연금 계좌(해당되는 경우)나 과세 계좌에 보관할 수 있다.

인터랙티브 브로커즈Interactive Brokers는 200개국 이상에서 이용 가능한 견실한 주식 중개 업체인데 나도 이곳을 이용한다. 오늘날 대부분의 중개 회사들처럼 인터랙티브 브로커즈도 자동 투자 기능을 제공한다. 이 기능을 설정해 두면 매달 같은 금액을 자동으로 투자하게 된다.

무엇보다 중요한 것은 주식 투자 방법을 아주 간단하게 유지해서 그 어떤 변명도 통하지 않게 하는 것이다. 이제 주식 투자를 시작하기에 충분한 지식을 갖추었을 테니 '얼마나 투자할까?'라고 스스로에게 물어보기만 하면 된다.

얼마를
투자할까?

12장에서 순소득의 30퍼센트를 저축하는 것이 좋은 목표라고 언급했다. 이렇게 많이 저축하는 게 힘들다면 비율을 낮추되 최소 순소득의 10퍼센트는 저축해야 한다. 그렇다면 비상금을 제외한 모든 저축액을 주식시장에 투자해야 한다는 뜻일까? 집을 사거나 등록금 마련을 위해 돈을 저축하고 싶다면 어떻게 해야 할까? 모든 돈을 전부 주식시장에 투자한 뒤 필요할 때 꺼내야 할까?

나는 재산 축적 단계에서는 포트폴리오에서 돈을 인출하는 것을 권장하지 않는다. 값비싼 물건을 사거나 등록금을 모으고 싶다면, 저축 계좌를 이용하고 주식 투자에 할당하는 돈을 줄여야 한다. 순소득의 30퍼센트를 저축할 수 있다고 가정해 보자. 그 돈의 20퍼센트는 비싼 물건을 사는 데 필요한 돈을 모으기 위한 전용 저축 계좌에 넣고 10퍼센트만 S&P 500 ETF를 구입하는 데 사용하자. 소액을 투자하더라도 그만한 가치가 있다.

은퇴하기 전까지 수백만 달러를 모으려면 매달 수천 달러를 투자해야 한다고 생각할 텐데, 그전에 계산을 좀 해보자. 미국의 중간 가구 소득이 1년에 8만 893달러일 때 실소득은 5만 7,000달러 정도된다. 그리고 1980년 이후 S&P 500의 연평균 수익률은 11.44퍼센트였다.

- 30년 동안 실소득의 10퍼센트인 5,700달러를 투자하면 1,246,764.61달러가 된다.
- 30년 동안 실소득의 20퍼센트인 11,400달러를 투자하면 2,493,529.23달러가 된다.
- 30년 동안 실소득의 30퍼센트인 17,100달러를 투자하면 3,740,293.84달러가 된다.

이 간단한 계산은 퇴직 연금 계좌가 아닌 다른 상품에 투자했을 때 내역이라는 점을 명심하자. 401(k) 계좌에 같은 금액을 투자하면 세금을 덜 내기 때문에 실소득이 더 많아진다. 어느 쪽이든 위의 계산 결과는 은퇴하기에 충분한 액수다.

문제는 은퇴한 뒤 얼마나 편안하게 살고 싶은가다. 정말 안락한 생활을 하고 싶다면 마지막 옵션이 필요하다. 지출이 많은 시기에 소득의 30퍼센트 투자를 목표로 삼는 건 현실적이지 않을 수 있다. 그래도 일정 액수를 투자하는 걸 목표로 삼을 수는 있다. 적은 금액이라도 시간이 지나면 상당한 부를 축적할 수 있다.

시간이 없으면 더 많이 투자해야 한다. 기간을 15년으로 줄인다면 1년에 약 3만 2,000달러를 투자해야 한다. 대부분의 사람들이 40대와 50대에 돈을 더 많이 벌기 때문에 이 역시 여전히 현실적인 목표다. 소득의 30~50퍼센트를 투자해야 할 수도 있다. 20대부터 그렇게 하는 사람들도 있는데 그건 불필요하다. 그렇게 많은 것을 포기하고 살기에는 인생이 너무 짧다. 균형이 관건이다. 그리고 훗날 재정 상황에 긍정적인 영향을 미칠 수 있는 두 가지 요소가 더 있다. 은퇴에 관련해 다음 사항을 명심하자.

- 사회보장 연금을 받을 가능성이 높다. 미국에서 은퇴한 평균적인 근로자는 2023년에 매달 1,830달러를 받았다. 정부는 사회보장 연금 액수가 인플레이션을 따라잡도록 보장한다. 하지만 최근 몇 년 동안은 인플레이션을 앞지르고 있다. 예를 들어, 2010년에는 은퇴한 근로자가 1,164달러를 받았다. 2023년에 은퇴자들이 받는 연금 액수는 2010년보다 57퍼센트 증가한 반면, 그 기간 동안 소비자 물가는 38퍼센트 상승했다.

- 주택 담보 대출을 다 갚았고 생활비가 줄었을 수도 있다. 2022년 현재 미국 가구의 66퍼센트가 자신이 소유한 주택에서 살고 있다. 젊은 세대는 주택을 사는 데 어려움을 겪는다고 생각하는 이들이 많지만, 이는 실제 데이터와 모순되는 생각이다. 2022년 현재 1997~2013년 사이에 태어나 Z세대에 속하는 25세 청년 중 약 30퍼센트가 주택을 소유하고 있다. 이 비율은 밀레니얼 세대(1981~1996년 출생, 28퍼센트)와 X세대(1965~1980년 출생, 27퍼센트)의 주택 소유 비율보다 약간 높은 수준이다. 이제는 주택을 사서 거주하는 것이 주식 투자를 대체할 수 없다. 주택을 더 높은 가격으로 판매하기 전까지는 부동산

가치 상승으로 인한 이익을 얻을 수 없다. 그리고 주택을 사거나 팔 때는 비용이 발생하며 이것이 잠재 수익을 잠식한다. 따라서 주택 소유는 부를 축적하는 방법이 아니라 어딘가에 살겠다는 장기적인 약속으로 보는 것이 좋다.

사회보장 연금액이 적고 주택을 소유하지 않았더라도 괜찮다. 사실 이것이 주식시장에 투자하는 이유 중 하나다. 정부 지원과 주택 소유에 의존하는 위험을 완화하려는 것이다. 재정적으로 독립하고 싶어서 투자하는 것이다. 따라서 사회보장 연금과 주택 소유는 은퇴 생활을 더 편안하게 만들어줄 수 있는 보너스로 생각하자.

금융 자문이
필요할까?

금융 자문이나 로보 어드바이저를 이용하기로 했다면 수수료를 고려해야 한다. 금융 자문은 대개 매년 관리 자산의 1퍼센트 이상을 수수료로 청구한다. 로보 어드바이저는 대개 연간 0.2~0.5퍼센트 정도를 청구한다.

100만 달러 이상의 포트폴리오를 소유하고 있거나 50세가 넘었다면 금융 자문을 두는 것이 도움이 된다. 투자한 돈이 많거나 은퇴 시기가 가까워지면 하락장이 발생했을 때 느끼는 두려움이 열 배로 커진다. 그럴 때는 금융 자문이 일반적으로 청구하는 수수료 1퍼센트의 가치를 발휘할 수 있다.

시장이 폭락하고 '이런, 안돼! 30만 달러가 빠졌어. 이걸 어떻게 회복하지? 출혈을 막아야 해'라는 생각이 들면 손실이 영구화되는 것은 매도했을 때뿐이라는 사실을 상기시켜 주는 사람에게 의지하면 된다. 로보 어드바이저나 온라인 주식 중개인은 그런 정서적 지원을 제공할 수 없다. 그런 플랫폼은 당신이 내리는 주문을 실행하기만 한다. 하지만 인간 조언자는 당신이 조치를 취하기 전에 시간을 내서 대화를 나눌 것이다.

하지만 자산 축적 단계가 한창 진행되고 있을 때는 비용을 절약해야 한다. 게다가 그때쯤에는 사는 데 너무 바빠서 주식 매도에 대해 생각할 겨를도 없을 것이다. 투자 전문가가 아닌데 매일 시장이 어떻게 움직이는지 보고 있다면, 인생에서 뭔가 잘못된 일을 하고 있는 것이다. 나가서 즐기자! 커리어를 쌓자. 가족을 꾸리거나 친구들과 시간을 보내자. 그러면서 동시에 투자를 계속해야 한다.

투자 전략 되새기기 :

- 자산 축적 단계에서는 투자금 전부를 주식에 할당해야 한다. 이 전략은 위험/보상 비율이 가장 높고 시간이 별로 필요하지 않다.

- 순수입의 최소 10퍼센트, 이상적으로는 30퍼센트를 투자해야 한다. 자신의 라이프스타일을 살펴보면 이상적인 비율을 찾을 수 있다. 몇 년간 충분히 투자할 수 없다면 그 뒤 몇 년간 더 많이 투자해야 한다.
- 모든 즐거움을 자제할 필요는 없다. 연간 수익률이 11.44퍼센트 선으로 유지될 경우, 30년 동안 매년 5,700달러를 투자하면 백만장자가 될 것이다.
- 높은 수수료는 피한다. 소액이라도 수십 년 동안 발생하면 막대한 손실로 이어질 수 있다. 비용과 수수료를 주의 깊게 살펴보자.

스토아주의자처럼 은퇴하기

　은퇴할 때는 주식보다 채권을 많이 보유하고 있어야 한다는 게 일반적인 통념이다. 흔히들 채권이 더 안전하고, 일반적으로 인플레이션과 같거나 약간 높은 수익률을 제공한다고 생각한다. 그래서 채권이 은퇴 후에도 재산을 보존하는 데 도움이 된다는 것이다.

　1928년부터 2022년까지 미국 재무부 채권의 연평균 수익률은 4.87퍼센트였다. 같은 기간 동안 주식시장은 연평균 약 10퍼센트의 수익률을 올렸다. 채권에 투자하면 변동성은 줄겠지만 수익률의 약 5퍼센트를 포기해야 한다. 요약하자면, 채권은 주식시장처럼 급격하게 변동하지 않는다.

　하지만 스토아주의 투자자라면 은퇴 후에도 주식시장의 변동성을 감수할 수 있다. 결국 변동성은 잠재적으로 더 높은 수익을 얻기 위해 지불하는 대가다. 채권만 소유하고 있다고 해서 반드시 더 안전한 것은 아니며 많은 부를 축적하지도 못한다. 수익률과 인플레이션을 고려해 안전 마진을 생각해 보자.

인플레이션이 3퍼센트라면 주식에 투자할 때 안전 마진은 7퍼센트다. 채권에 투자할 때는 1.87퍼센트에 불과하다. 인플레이션이 높을 때 채권은 별로 안전하지 않은 것 같다.

주식이 채권보다 성과가 좋은 이유는 다음과 같다. 채권을 매수한다는 것은 본질적으로 채권 발행자에게 돈을 빌려주는 것이다. 채권 발행자는 정부나 법인 또는 기타 단체다. 채권 보유자는 그 대가로 이자를 받고 채권 만기일이라는 미래의 날짜에 원금을 상환해 주겠다는 약속을 받는다. 대출자인 채권 보유자는 원금 상환을 보장하는 법적 계약이 있기 때문에 주주나 회사 소유자보다 안전하다.

그러나 주주와 달리 채권 소유자는 사업이 잘되어도 이익이나 배당금을 받지 못한다. 채권 소유자는 경제 성장의 이점을 누릴 수 없다. 주주는 경제 성장의 이점을 모두 누리지만 대신 변동성이 크다. 그렇다고 해서 주주가 훨씬 많은 위험을 감수하는 것은 아니다. 만약 당신이 어떤 회사 채권을 소유하고 있는데 그 회사가 파산한다면 돈을 모두 돌려받지 못할 가능성이 있다. 따라서 은퇴 단계에서 재산을 보존하고 축적할 때도 주식을 보유하는 편이 더 낫다. 위험성이 약간 더 높기는 하지만 수익률이 훨씬 좋기 때문이다. 변동성을 줄이고 싶다면 60 대 40 포트폴리오를 선택해서 주식에 60퍼센트, 채권에 40퍼센트를 투자하자.

돈을 인출하는
방법과 시기

인출 비율(은퇴 후 매년 생계를 위해 매도하는 주식 양)과 관련해 금융 전문가들은 'X퍼센트 규칙'에 대해 자주 이야기한다. 가장 많이 언급하는 비율은 4퍼센트다. 그러나 인출 비율을 엄격하게 정해둬서는 안 된다. 우리 인생처럼 인출 비율도 유동적이어야 한다. 4퍼센트 규칙을 엄격하게 지키면서 생활하는 사람은 실제로 1년에 6퍼센트를 인출해야 하는 상황이 생겨도 필요한 돈을 억지로 아끼려고 한다. 그런가 하면 1년에 2퍼센트만 인출해도 되는 것을 굳이 더 하려고 할 수도 있다.

은퇴 단계에서는 유연하게 대처하는 것이 중요하다. 세네카는 "우리는 유연해져야 한다. 그래야 정해진 계획에 너무 많은 희망을 걸지 않을 수 있다"라고 말했다. 은퇴 단계에서 중요한 것들은 다음과 같다.

• 매달 필요한 생활비가 얼마인지 계산한다.

- 사회보장 연금이나 다른 은퇴 수입을 고려한다.
- 매달 추가적으로 필요한 돈을 401(k)나 개인 증권 계좌에서 인출한다(1년치 비용을 한꺼번에 인출해서는 안 된다). 예를 들어, 한 달에 3,000달러가 필요하다면 매달 첫 번째 영업일에 그 금액에 해당하는 주식을 판다.
- 주식을 긴급 매도하는 것을 피하기 위해 전용 저축 계좌에 6개월치 생활비를 넣어둔다.
- 주식시장이 10퍼센트 상승한 해에 6퍼센트를 인출하는 건 아무 문제도 없다. 주식시장이 하락한 해에 3~4퍼센트를 인출해도 괜찮다.

주식시장과 투자 방식에 대한 지식을 이용해서 시장 상황에 따라 인출 비율을 조정할 수 있다. 하지만 분산 투자나 위험 최소화에 너무 많은 시간과 에너지를 쏟지는 말자. 변동성이 적은 상품으로 동일한 수익을 얻으려고 노력하는 건 소용없는 일이다. 스토아주의 투자자의 장점은 변동성에 익숙하다는 것이다.

미래에 눈을 두고
오늘을 살아라

살면서 큰 슬픔을 느끼는 순간 중 하나는, 어느 날 아침 깨어나 '왜 하고 싶은 일을 좀 더 일찍 하지 않았을까?'라는 생각이 들 때다. 우리 가족들 모두 60대에 접어들면서 이런 생각을 했다.

세네카는 이렇게 말했다. "사람들이 '50살이 되면 은퇴해서 여가를 즐길 거야. 60살이 되면 공무를 그만둘 거야'라고 말하는 걸 들어봤을 것이다. 그렇게 오래 살 수 있다는 보장이 있는가?"

원하는 만큼 저축하고 투자하고 계획하는 건 얼마든지 가능하지만, 오래 살 수 있다는 보장은 없다. 그러니 책임감 있는 삶을 살아야 한다. 눈은 미래에 두되 오늘을 살아가야 한다. 대부분의 사람들은 머릿속에서 미래를 살아가기에 현재에 거의 주의를 기울이지 않는다. 많은 급여를 받거나 승진하거나 학위를 취득하거나 사랑하는 사람을 만날 때까지 즐거움은 뒤로 미루라고 자신에게 말한다.

세네카가 멋지게 표현한 것처럼, 대부분의 사람들은 "삶이 끝날 때가 되어서야 제대로 살아갈 준비가 된다." 죽음이 눈앞에 다가와야 인생이 짧다는 걸 깨닫는다. 살아가는 동안 미래가 보장되어 있지 않다는 사실을 결코 잊지 말자. 계획을 잘 지키되, 완벽한 미래의 어느 순간이 다가왔을 때 본격적인 삶을 시작하겠다며 기다려서는 안 된다. 인생은 바로 지금 여기에서 진행된다.

투자 전략 되새기기 :

- 은퇴 단계에서 수익을 극대화하려면 주식에 100퍼센트 투자한다. 스토아주의 투자자인 당신은 기복이 심한 시장에 익숙하다. 과도한 위험을 감수하지 않으면서 최대한 높은 수익을 얻고 싶다면, 그대로 계속해야 한다.

- 방어적인 은퇴자라면 주식에 60퍼센트, 채권에 40퍼센트를 투자하는 게 좋다. 이렇게 투자하면 수익률은 낮아지지만 시장 변동 때문에 신경 쓰일 때도 마음의 평화를 누릴 수 있다.

- 매달 필요한 금액만큼만 인출한다. 1년치 비용을 인출하기 위해 주식을 매도해서는 안 된다.

- 투자하는 동안 은퇴에 대해 너무 많이 생각하지 않는다. 매달 부지런히 투자하면 은퇴할 때까지 상당한 돈을 모으게 된다는 걸 알게 될 것이다.

90 대 10 트레이딩 규칙

　수동적인 투자와 개인 금융에 관한 책들은 대부분 주식 거래에 단호하게 반대한다. 대부분의 주식시장 거래자와 헤지펀드 매니저도 시장 평균을 웃도는 수익을 올리지 못하기 때문에 우리가 주식 거래로 높은 수익률을 달성하는 건 불가능하다는 것이다. 그들은 이런 결론부터 미리 내려놓고는 아무도 시장을 이길 수 없다고 가정한다. 이건 분명히 사실이 아니다. 다만 시장 평균보다 높은 수익률을 올리는 것은 극도로 어렵고 시간도 너무 많이 걸린다. 결국 이 책에서 내가 간단한 투자 전략을 사용하라고 제안하는 이유도 그 때문이다.

　하지만 적극적인 트레이딩에 관심이 있고 노력할 의향이 있다면 수익을 올릴 수 있다. 가능성이 낮다고 해서 아예 할 수 없는 것은 아니다. 마르쿠스 아우렐리우스의 말처럼 "본인이 어떤 일을 하기 힘들다고 해서 모든 인간이 불가능하다고 생각하지는 말자. 인간이 할 수 있고 본성에도 맞는 일이 있다면 당신도 할 수 있다고 생각해야 한다."

나는 주식시장에 대해 알게 된 이후로 줄곧 트레이딩이라는 개념을 좋아했다. 하지만 나이가 들고 나 자신을 잘 알게 되면서 내가 큰 위험을 감수할 수 있는 사람이 아니라는 사실을 깨달았고, 그래서 트레이딩을 제한하면서 90 대 10 트레이딩 규칙을 따르고 있다. 이는 전체 주식 포트폴리오의 10퍼센트만 투기에 사용해 손실을 최소화하는 것이다.

이 규칙은 위험성이 높은 거래를 추구하면서도 결코 무리하지 않게 한다. 주식시장에 1달러를 투자할 때마다 그중 90센트는 S&P 500 지수에 투자한다. 그 돈은 시장에 투입되어 오랫동안 그곳에 머무른다. 그리고 나머지 10센트는 투기에 사용한다. 어쩌면 그 10센트를 20센트로 불릴 수도 있고 어쩌면 전부 잃을 수도 있다. 어떤 결과가 생기든 상관없다.

트레이딩과 투자는 서로 다른 분야에 속한다는 것을 기억해야한다. 투자는 주식을 사서 보유하는 것이고, 트레이딩(또는 투기)은 거래를 통해 이익을 얻기 위해 사고파는 과정이다. 서로 필요한 기술이 다르기 때문에 훌륭한 트레이더가 훌륭한 장기 투자자가 아닌 경우가 많고, 그 반대도 마찬가지다. 하지만 그렇다고 해서 투자자가 트레이딩을 전혀 하지 않는 것은 아니고, 트레이더가 투자에 손대지 않는 것도 아니다.

가장 유명한 장기 투자자인 버핏도 가끔 주식 트레이딩을 한다. 버핏은 주식을 사서 보유하는 것을 목표로 삼지만 때로는 단기 트레이딩으로 끝내기도 한다. 예를 들어, 2020년에 버크셔 해서웨이는 금광 회사 배릭 골드Barrick Gold 주식을 매수했다가 6개월 뒤에 거의 같은 가격에 매도해 본전치기 수준으로 끝냈다.

이 포지션은 버크셔 해서웨이 총자산의 0.064퍼센트에 불과했기 때문에 회사가 감수해야 하는 위험은 미미했다. 하지만 개인 투자자인 우리는 투자할 돈이 수십억 달러씩 되지 않으므로 수익을 창출하려면 트레이딩에 더 높은 비율을 할당해야 한다.

모은 돈의 50퍼센트로 트레이딩을 했다가 다 잃는다면 라이프스타일을 바꿔야 한다. 이런 방식의 투자는 재정 안정성을 해치고 생활 방식에도 영향을 미친다. 모은 돈의 1퍼센트로 트레이딩을 하는 경우에는 그 돈을 다 잃어도 괜찮다. 다만 이때는 100퍼센트 수익을 올리더라도 처음에 들인 돈이 적다 보니 추가 수입도 그리 많지 않을 것이다.

10만 달러가 있는데 그중 1,000달러로 트레이딩을 한다고 가정해 보자. 수익률이 20퍼센트라면 200달러를 버는데, 괜찮기는 하지만 이는 전체 포트폴리오의 0.2퍼센트에 불과하다. 1만 달러로 투기를 하면 수익률이 동일한 경우 2,000달러를 벌게 되므로 노력할 만한 가치가 있다. 이런 수익을 얻으려면 상당한 시간과 에너지가 필요하다는 것을 기억해야 한다.

더 많은 돈으로 트레이딩하지 않는다면(잃어도 아쉽지 않을 만큼의 적은 금액이라면) 시간을 들일 가치가 없다. 따라서 주식 거래를 하고 싶더라도 여유 자금이 1만 달러가 안 된다면 시간을 쏟는 것은 좋은 방법이 아니다. 잠재 수익이 직장에서 버는 돈보다 많을 때 하는 것이 합리적이다.

어쨌든 90 대 10 규칙은 트레이딩에 관한 가장 책임감 있고 냉정한 접근 방식이다. 잠재 손실을 제한하고, 시간을 들일 가치가 있을 만큼 잠재 수익을 안겨준다.

나는 지난 10년 동안 제시 리버모어, 스탠리 드루켄밀러, 조지 소로스, 폴 튜더 존스, 리처드 데니스, 존 템플턴 경, 마티 슈워츠Marty Schwartz 같은 가장 성공적인 주식시장 트레이더들을 연구했다. 이들의 성과와 아이디어를 바탕으로 주식 트레이딩을 성공으로 이끄는 다섯 가지 원칙을 찾아냈다.

원칙 1: 거래를 자주 하지 않는다

역사상 가장 뛰어난 트레이더는 데이 트레이더가 아니었다. 대신 이들은 매년 몇 차례 성공적인 트레이딩을 했다. 시장 상황이 불리할 때는 트레이딩을 완전히 피했고, 기회가 많을 때는 트레이딩 횟

수를 늘렸다.

전반적으로 볼 때 성공한 트레이더가 매일 많은 양을 거래한다는 것은 오해다. 제시 리버모어의 말처럼 "매일 또는 매주 트레이딩을 하면서 1년 내내 꾸준히 돈을 벌 수는 없다."

시장 조정이 끝나거나 바닥에서 벗어날 때 매수하는 트레이더가 돈을 가장 많이 번다. 에드워드 챈슬러는《금융투기의 역사》에서 1860년대에 '패닉 버드panic bird' 전략에 따라 돈을 번 일부 초창기 트레이더들에 대해 썼다. "'패닉 버드'라고 알려진 몇몇 투기꾼들은 가격이 폭락하고 돈이 부족해질 때만 시장에 나왔다. 그들은 신중하게 매수하고 투자 내역을 잘 관리하면서 다음 재앙이 닥칠 때까지 월스트리트에 가까이 가지 않았다."

2008년 금융위기 이후에 주식을 매수한 트레이더들도 이와 비슷한 방법으로 큰 수익을 올렸다. 하지만 챈슬러가 경고했듯이 패닉 버드는 '희귀 품종'이었다. 특별한 기회가 생겼을 때만 거래하려면 규칙과 인내심이 필요하다.

원칙 2: 손실을 10퍼센트로 제한한다

주식 트레이딩은 복잡한 활동이기 때문에 트레이더는 이익보다 손실을 입을 가능성이 더 높다. 뛰어난 트레이더는 자신의 판단이 옳을 때는 큰 수익을 올리고 틀릴 때는 손실을 제한한다. 성공한 트레이더는 손실을 제한해서 계좌가 폭파되는 것을 막는다. 뛰어난 트레이더는 자기 판단이 틀리더라도 두려워하지 않는다. 단기 트레이더가 자산을 매수할 때는 가격이 오를 것으로 예상하고 매수하는데, 2주 안에 오르지 않으면 잘못 판단한 것이다. 뛰어난 트레이더는 그 시간이 지나면 재빨리 인정하고 빠져나온다.

이를 위한 가장 좋은 방법은 거래를 시작하기 전에 언제 거래를 끝낼지 생각해 두는 것이다. 일반적인 손실 한도는 10퍼센트다.

주식을 매수하자마자 10퍼센트로 손절매 주문을 설정할 수 있다. 손절매는 주식이 지정된 수준 이하로 떨어질 때만 적용되는 주문이다. 예를 들어, 주당 100달러에 주식을 매수하고 손실을 10퍼센트로 제한하고 싶다고 가정해 보자. 그러면 주당 90달러로 손절매 주문을 설정하면 된다. 가격이 90달러 이하로 떨어지면 손절매 주문이 발동되어 해당 주식은 자동으로 시장 가격으로 판매된다.

원칙 3: 절대 평저화를 시도하지 않는다

이전 원칙을 무시하고 잘못된 결정에 대한 투자를 더 늘리는 경우가 있다. 이를 평저화(물타기)라고 하는데 일종의 자기기만이다. 주가가 130달러까지 오를 것으로 예상하고 100달러에 주식을 매수한 트레이더는 가격이 떨어지면 그 거래에서 벗어나기가 어려워진다. 사실 해당 주식을 더 사고 싶어 할 수도 있다. 100달러일 때 마음에 들었던 주식이라면 80달러일 때도 마음에 들 것이다. 시장이 일시적으로 할인을 제공하고 있으니 말이다.

하지만 장기 투자자라면 몰라도 트레이더는 그렇게 생각하면 안 된다. 주식을 거래할 때 주가가 예상과 반대로 움직이면 거기서 벗어나야 한다. 자기기만은 다음과 같은 방식으로 진행된다.

주식을 100달러에 매수했는데 80달러로 떨어졌다고 가정해 보자. 원칙 2를 무시하고 80달러에 주식을 한 주 더 사면 주당 평균 비용이 90달러로 낮아진다. 좋다. 90달러에서 130달러로 오르면 더 높은 수익을 낼 수 있으니까 말이다. 하지만 이는 잘못된 가정이다. 모든 트레이더와 투자자가 인정하겠지만, 시장은 자기 멋대로 움직인다. 80달러짜리 주식이 200달러로 오를 수도 있지만, 20달러로 떨어질 수도 있다. 후자의 상황에 처할 위험을 감수하고 싶지는 않을 것이다. 통제 불능 상태가 되기 전에 손실을 줄여야 한다.

원칙 4: 인기 있는 자산은 매수하지 않는다

사람들이 학교나 직장 점심시간에, 혹은 생일 파티에서 특정 주식이나 자산에 대해 얘기하기 시작한다면 매수하기엔 이미 너무 늦었다. 새롭게 유행하는 주식 가격은 전부 다음과 같은 순환 과정을 따른다.

1단계 모호함: 빠르게 성장하는 새로운 트렌드, 기술 또는 회사에 대해 소수의 커뮤니티만 알고 있을 때.

2단계 인지: 이를 인지한 투자자들이 대량으로 매수하기 시작하

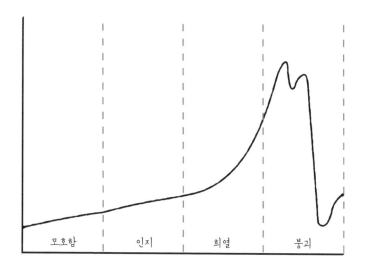

새롭게 유행하는 주식 가격은 시장의 전반적인 심리와 연결된 공통적인 패턴을 따른다.

는 순간, 일부 금융 거래소도 이 트렌드를 알아차린다.

3단계 희열: 주류 언론과 소셜 미디어에서 특정 자산을 통해 큰 수익을 얻었다는 뉴스를 전한다. 평소 투자하지 않던 사람들이 호기심에 매수를 시작한다. 진지한 투자자들은 이때 매도를 시작한다.

4단계 붕괴: 진지한 투자자들이 빠져나가면 자산 수요가 붕괴되고 결국 후반에 뛰어든 투자자들이 뒤집어쓴다.

1단계와 2단계에서 매수하면 좋을 것 같지만, 사실 이런 일은 전

문 투자자에게도 평생 몇 번 정도만 일어난다. 3단계가 끝나갈 때
는 매수를 피하는 것이 좋다. 이때는 《뉴욕타임스》나 CNBC 같은
뉴스 매체가 뭔가를 포착하거나 평소에 투자하지 않는 친구가 특정
주식이나 자산에 대해 이야기하는 시기다. 하지만 주식에 대한 자
체 조사와 스크리닝을 통해 수익을 창출하기에 너무 늦지 않은 2단
계 후반이나 3단계 초반쯤에 기회를 만날 수도 있다. 수익을 냈으
면 바로 빠져나와야 한다.

원칙 5: 20퍼센트 수익이면 충분하다

트레이더에게 가장 큰 위협은 너무 탐욕스러워지는 것이다. 내가
주식 트레이딩을 시작했을 때 주가가 30퍼센트 이상 오른 적이 많
았다. 그때마다 항상 '이게 더 올라서 더 많은 수익을 놓치면 어쩌
지?'라고 생각했다.

불가피하게 주가가 하락하면 이건 일시적인 현상일 뿐이라고 말
하면서 팔지 않고 계속 보유할 것이다. 그러다가 주가가 계속 하락
하면 결국 시간이 너무 많이 지난 뒤에야 손실을 보고 겨우 매도할
것이다. 주식 트레이딩이 혼란스러운 건 바로 이 때문이다. '대체
무슨 일이 일어난 거지? 30퍼센트 상승했었는데 지금은 30퍼센트
하락했다고?'라고 생각하게 된다.

그만큼 시장은 빠르게 움직인다. 진지한 트레이더가 되고 싶다면
수익을 실현할 전략을 세워야 한다. 간혹 텐배거를 놓치는 일이 생

기지 않을까? 물론이다. 하지만 그래도 당신은 돈을 벌었고 큰 손실을 피했다.

가격이 계속 오른다는 확신이 없으면 거래를 통해 20퍼센트 이상의 수익을 올리자마자 바로 매도한다. 주가가 더 오를 가능성이 있어 보이면 '추적 손절매' 주문을 사용해서 가격이 계속 오르는 동안 수익을 보호한다. 일반적인 손절매 주문과 다르게 추적 주문은 주가가 오르면 손절매 가격을 자동으로 조정한다. 예를 들어, 100달러에 주식을 매수했는데 140달러로 오르면 다음과 같은 세 가지 작업을 할 수 있다.

1. 140달러에 매도해서 40퍼센트 이익을 취한다.
2. 주식을 계속 보유한 상태에서 120달러에 손절매를 설정해 20퍼센트 이익을 확보하는 동시에 주가가 상승할 수 있는 여지를 확보한다.
3. 추적 손절매를 10퍼센트로 설정해 놓고 주가가 더 오르는지 확인하는 동시에 20퍼센트 이상 이익을 확보한다.

주식이 140달러로 올랐을 때 10퍼센트에 손절매한다는 건 주식을 126달러에 매도한다는 뜻이다. 가격이 150달러로 오르면 135달러에 손절매된다. 이 10퍼센트 마진은 시장 가격을 계속 따라가므로 돈을 더 많이 벌 수 있다. 이 전략을 사용하면 가격이 계속 오르는 주식을 매도하고 후회하는 일을 피할 수 있다. 항상 상상하거나 말로만 떠드는 가상의 이익이 아닌 주머니에 넣어둔 이익에 집중해야 한다.

주식 트레이딩은
주식 투자가 아니다

주식시장은 장기적인 부를 창출하는 곳이 될 수도 있고 시장이나 카지노가 될 수도 있다. 각각은 당신이 시장에서 원하는 것을 의미한다.

1. **장기적인 부를 창출하는 곳:** 투자에 시간을 들이고 싶지 않지만 부는 축적하고 싶다. 그렇다면 온갖 우여곡절을 겪으면서도 투자를 유지할 수 있는 스토아적 규칙이 필요하다.
2. **시장:** 상품을 사고파는 곳으로 여긴다. 어떻게 보면 사업을 운영하듯 트레이딩 계좌를 운용한다. 보유한 제품은 자산이다. 사업을 운영하려면 자본이 필요하고, 다른 사업을 운영할 때와 마찬가지로 기술도 필요하다.
3. **카지노:** 주식시장에 대해 공부하는 데 시간이나 에너지를 쏟고 싶지는 않다. 그냥 한번 해보고 싶을 뿐이다. 어쩌면 부자

가 될 수 있을지도 모른다.

스토아주의자는 자신에 대해 잔인할 정도로 솔직해져야 한다. 당신은 주식시장에 어떻게 접근하고 있는가? 전략 없이 주식을 사고파는 도박꾼 같은 성향이 있다면 그 사실을 스스로 인정해야 한다. 라스베이거스로 향하는 도박꾼처럼 주식 도박으로는 돈을 벌 수 없다.

트레이딩을 진지하게 생각하면서 사업을 운영하는 것처럼 여긴다면 트레이딩이 효과적일 수도 있다. 가진 돈의 10퍼센트만 이용해 몇 번만 트레이딩을 하고 싶더라도 제대로 신경 써서 잘해야 한다. 아니면 아예 손을 대지 말아야 한다.

스토아주의자는 모든 일에 최선을 다해야 한다고 믿었다. 마르쿠스 아우렐리우스가 말했듯이, "로마인처럼 매 순간 집중해서… 자기 앞에 놓인 일을 정확하고 진지하게, 친절한 태도로 기꺼이, 정의롭게 행해야 한다."

트레이딩을 진지하게 해볼 생각이 없다면 처음부터 아예 시작하지 말아야 한다. 그냥 이 책에 제시된 수동적 투자 전략에 따라 주식시장을 장기적인 부의 창출 수단으로 활용하기만 해도 된다.

투자 전략 되새기기 :

- 주식 트레이딩은 주식 투자와는 다르다. 주식 트레이딩은 시작하기 전에 신중하게 생각해야 한다. 이건 투자와 다른 기술이

필요한 분야다.

- 주식 트레이딩을 하고 싶다면 규칙을 준수해야 한다. 주식 트레이딩 전략을 종교처럼 지켜야 성공할 수 있다. 그렇지 않으면 돈을 잃기만 할 것이다.
- 수익을 내는 데 진지하게 임한다. 주식 트레이딩 과정에서 계속 돈을 잃는다면 전략을 재고하거나 그만둬야 한다. 트레이딩의 목적은 돈을 버는 것이다.

바위처럼 단단한 투자자가 되는 법

옛날 옛적에 만지는 것을 전부 금으로 바꿀 수 있는 능력을 가진 왕이 있었다. 길을 잃은 사티로스(그리스 신화에 나오는 인물로 쾌락을 추구하면서 와인과 열락의 신인 디오니소스를 따르는 것으로 알려짐)를 도와준 미다스 왕에게 디오니소스는 감사의 표시로 소원을 하나 들어주겠다고 제안했는데, 탐욕스러운 미다스는 자기가 만지는 것이 모두 금으로 바뀌기를 바랐던 것이다.

소원을 이룬 미다스는 그 어느 때보다 행복했다. 그는 무작위로 물건을 만지기 시작했고, 그가 바라던 대로 모든 게 금으로 변했다. 하지만 미다스는 얼마 지나지 않아 자신이 충분히 생각하지 않고 소원을 말했다는 걸 깨달았다. 이런 상태에서 어떻게 음식을 먹을 수 있겠는가. 그는 절망에 빠져 자기 딸을 껴안았고, 결국 딸까지 금 조각상으로 변했다. 후회에 가득 찬 그는 디오니소스를 다시 찾아가 소원을 취소해 달라고 간청했다.

나는 어릴 때 학교에서 미다스 왕에 대해 배웠다. 당시에 미다스 왕 이야기는 원래의 의도대로 경고용으로 사용되었다. 하지만 오늘날에는 '미다스의 손'이라는 문구가 긍정적인 방식으로 사용된다. 누군가가 미다스의 손을 가지고 있다는 건 돈을 잘 번다는 뜻이다.

스토아주의에 입각해 부를 향한 길을 따라가려면 미다스 왕의 교훈을 잊지 말아야 한다. 돈이 많다고 해서 반드시 자유로워지는 것은 아니다. 소셜 미디어 때문에 우리는 다른 사람들이 가진 새 차, 멋진 집, 이국적인 휴가를 부러워한다. 자기는 좋은 기회를 놓치고 있는 반면, 다른 사람들은 전부 잘산다고 느끼는 이들이 많다. 이런 부정적인 감정은 부를 쌓는 과정에서 가장 큰 적이다.

이 책에서 다룬 내용을 모두 활용하려면(상당히 많은 내용을 다루었다) 평생 스토아주의적인 태도를 유지하면서 감정을 제어해야 한다. 스토아주의에 부합한 삶을 살면 부정적인 감정에 맞서면서 일관성을 유지할 수 있다. 다음과 같이 해보자.

1. **자신에게 투자하자.** 자신의 지식과 기술을 활용하면 언제나 경세적인 가치를 얻을 수 있다. 오랫동안 수입이 없을까 봐 두려워할 필요가 없다.

2. **손실을 받아들이자.** 손실을 감수하면서도 재정 파탄을 피하는 방법을 알면 부를 보존할 수 있다. 게다가 손실에 대처하는 것은 장기 투자자의 가장 중요한 특색이다. 그래야 게임에 계속 참여할 수 있기 때문이다.

3. **돈을 복리로 늘리자.** 가만히 앉아서 돈이 제 역할을 다하기를 기다리자. 충분한 시간이 지나면 적은 투자금이 엄청난 금액으로 늘어난다. 삶을 즐기면서도 투자를 계속하면 더 큰 부자가 될 수 있다는 걸 항상 염두에 두자.

이 방법의 장점은 누구나 활용할 수 있다는 것이다. 내가 바로 그 증거다. 난 아무것도 없는 가정에서 태어났고, 작은 도시에서 자랐으며, 우리 반에서 유일하게 유색인종 아이였다. 그 외에도 내 한계에 대해 한참 더 늘어놓을 수 있다. 여러분도 이런 상황에 처해 있을 수도 있다. 우리 중 편하게 살아온 사람은 아무도 없다. 결국 여러분이 이 책을 읽는 이유도 바로 그 때문이 아니겠는가.

여러분은 부자가 되고 싶어 한다. 그리고 그럴 권리가 있다. 그날 벌어 그날 먹고 살면서 혹시 직장을 잃으면 어떻게 해야 할지 전전긍긍할 필요가 없다. 이제 그 패턴에서 벗어나 부자가 되어야 한다.

이 책에서 내가 제시한 길을 따라가 보자. 효과가 있을 것이다. 나는 이제 매일 아침 일어날 때 돈 걱정을 하지 않는다. 그냥 내 일을 하고 미소 띤 얼굴로 맡은 책임을 다한다. 내가 엄청나게 부유해서 그러는 게 아니다. 나를 믿기 때문에 돈을 두려워하지 않는 것이다. 스토아주의는 나를 더 나은 사람, 더 나은 투자자로 만드는 강력한 습관을 기르도록 도와줬다. 이제 매일 그 습관에 따라 살아간다. 그래서 금전적인 스트레스를 받지 않는다. 내일 당장 돈을 다 잃더라도 미래를 두려워하지 않을 것이다. 항상 나를 올바른 방향으로 이끌어줄 부를 향한 스토아주의자의 길을 알고 있기 때문이다.

같이 그 길을 따라가 보자. 자기 행동에 집중하자. 소셜 미디어에서 본 수백만 달러 규모의 기업가가 하룻밤 사이에 큰돈을 번 이야기는 잊어버리자. 당신의 스토아주의적인 태도는 날마다 더욱 강해질 것이다. 경기 침체, 팬데믹, 자연재해, 전쟁, 그리고 삶의 온갖 혼란 속에서도 스토아주의적인 태도를 유지하게 될 것이다.

어떤 것도 당신이 투자하지 못하도록 가로막을 수 없다. 당신은 항상 진정한 포상인 자유를 염두에 두고 있기 때문이다. 그래서 결국 지금 하는 일들을 다 하게 된 것이다. 자신에게 투자하는 것, 손실에 대처하는 것, 시장에서 돈을 복리로 불리는 것 말이다. 전부 재미는 없지만 우리를 정신적·재정적으로 강하게 만들어주는 일이다. 그리고 그 힘과 함께 자유가 찾아온다.

2008년 금융위기 때 나는 시장에서 많은 돈을 잃은 뒤 어떤 블로그에 올라온 글을 읽은 적이 있다. 그걸 어디서 읽었고 누가 썼는지는 잘 기억나지 않지만, 한 문장만큼은 확실히 기억난다(내가 표현을 살짝 바꿨다). 주식을 보유하고 있는데 경기 침체를 겪는다는 생각만으로도 척추에 오한이 들지 않는다면, 당신은 바위로 만들어진 사람인 게 분명하다!

대개 이런 이유로 사람들이 주식을 두려워한다. 사람들 대부분은 시장이 제멋대로 움직일 때 느끼는 다양한 감정을 통제하지 못한다.

하지만 우리는 통제할 수 있다. 우리는 바위다.

행복한 투자 생활을 하기 바란다.

감사의 말

먼저 독자 여러분께 감사드린다. 독자가 없으면 작가도 없다는 사실을 항상 기억하고 있다. 2015년부터 독자들이 날 작가로 만들어줬고, 그 사실에 언제나 감사한다.

어머니, 아버지, 형이 지원해 주지 않았다면 작가가 되지 못했을 것이다. 특히 지난 8년 동안 가족들의 꾸준한 지원과 격려 덕에 탄탄한 작가 경력을 쌓을 수 있었다.

이 책 《부의 핵심》에 직접적으로 기여해 주신 모든 분들께 감사 인사를 전한다. 예전에는 글쓰기가 혼자 하는 일이라고 생각했는데 잘못된 생각이었다. 책을 쓴다는 건 진정한 팀워크의 총합체다. 조사를 도와준 존 푸케이, 그의 헌신과 각 챕터를 쓸 때마다 날 도우

먼서 쏟아부어준 에너지에 감사한다. 그는 이 책이 마치 자기 책인 것처럼 열심히 노력했다. 예전 조수인 칼 발론조가 2021년에 진행한 초반 조사도 정말 훌륭했다. 이 아이디어를 처음부터 믿고 2년 넘게 집필을 지원해 준 에이전트 줄리 스티븐슨에게도 감사의 말을 전한다. 우리가 초기에 나눈 대화가 이 책의 방향을 잡는 데 도움이 되었다. 편집자 메리 선이 글을 더 잘 쓸 수 있게 도와준 덕분에 책을 한 단계 더 발전시킬 수 있었다. 레일라 샌들린을 비롯해 다양한 의견을 들려준 편집팀 모든 분께 감사드린다. 이 프로젝트를 맡아 준 포트폴리오 출판사의 내 담당 발행인 아드리안 잭하임과 편집장 니키 파파도풀로스에게도 감사드린다. 모든 과정이 매우 긍정적이고 활기차고 훌륭하게 진행되었다. 다들 고맙게도 이 책이 성장할 수 있는 비옥한 토양을 제공해 주었다.

이 책의 제안서를 쓸 때 도와준 모건 하우절, 지미 소니, 타다스 비스칸타, 스콧 영, 데릭 시버스도 고맙다.

로버트 그린의 작품을 읽고 이 책을 써야겠다는 영감을 얻었고, 형식면에서도 영향을 받았다. 스토리텔링이나 지혜를 공유하는 것에 대한 그의 생각이 내게 영향을 미쳤다. 그는 이런 논픽션 작품의 기준을 세웠다.

감사해야 할 분들이 아직도 한참 남았다. 지난 몇 년간 내 글을 지지해 준 분들이 정말 많다. 혹시라도 연락이 닿는다면 내가 받은 모든 지원에 깊이 감사한다는 말을 전하고 싶다. 이런 마음은 우리

부모님이 심어주신 것이다. 내가 어릴 때 우리 가족에게는 감사 외에는 아무것도 없었다. 감사의 마음을 나누는 것은 무료지만, 그것이 다른 사람에게 미치는 영향은 값을 매길 수 없을 정도로 소중하다. 나와 함께 시간을 보내줘서 정말 감사하다.

다리우스 포루

주

여기에서는 책의 각 챕터와 관련된 자세한 참고 문헌 목록을 찾아볼 수 있다. 본문을 확인하지 않고도 내용을 전체적으로 훑어볼 수 있도록 정리했다. 각 주석은 해당 페이지와 책 속 문장으로 시작한다. 내가 참고한 모든 인물과 자료의 출처를 밝히려고 했다.

부를 쌓는 고대의 지혜, 스토아 철학

01. 지속적인 부를 추구하면서 알게 된 것들

14쪽 더 나쁜 건 임금 상승률이: Tami Luhby, "Wages Continue to Rise, but They Still Aren't Keeping Pace with Inflation," *CNN*, January 31, 2023, edition.cnn.com/2023/01/31/economy/workers-wages-fourth-quarter/index.html.

14쪽 1980년부터 2022년까지 미국의 인플레이션율은: "Value of $1 from 1980 to 2022," officialdata.org/us/inflation/1980?endYear=2022&amount=1.

14쪽 이에 비해 시장은: "Stock Market Returns between 1980 and 2022," officialdata.org/us/stocks/s-p-500/1980?amount=1&endyear=2022.

14쪽 S&P 500이 처음 출범한 1928년부터: J. B. Maverick, "S&P 500 Average Return," *Investopedia*, updated May 24, 2023, investopedia.com/ask/answers/042415/what-average-annual-return-sp-500.asp.

14쪽 42년 뒤인 2022년에: 미국 달러의 '실제 가치'는 시간이 지나면 감소한다. 다시 말해, 상점에서 1달러로 살 수 있는 물건이 줄어든다. "Value of $1 from 1980 to 2022."

14쪽 그러나 그 돈을 S&P 500 지수에 투자했다면: 인플레이션을 감안해서 조정해 보면, 처음 투자한 1,000달러의 최종 명목 가치는 105,244.24달러이고 인플레이션을 감안한 수익은 29,632.50달러다. "Stock Market Returns between 1980 and 2022."

15쪽 세계적인 유행병도 겪었다: World Health Organization, "WHO Coronavirus (COVID-19)

Dashboard," covid19.who.int/?mapFilter=deaths.

15쪽 예를 들어, 세계에서 가장 부유하고: Juliana Menasce Horowitz, Ruth Igielnik, Rakesh Kochhar, "Trends in Income and Wealth Inequality," *Pew Research Center*, January 9, 2020, pewresearch.org/social-trends/2020/01/09/trends-in-income-and-wealth-inequality.

16쪽 데이터에 따르면 소득이 50만 달러 미만인: Robert Frank, "Where the Rich Make Their Income," *CNBC*, April 9, 2015, cnbc.com/2015/04/09/where-the-rich-make-their-income.html.

17쪽 2011년에는 개인 투자자가: BNY Mellon Wealth Management, "The Rise of Retail Traders," November 2021, bnymellonwealth.com/insights/the-rise-of-retail-traders.html.

17쪽 2022년에는 S&P 500이: George Smith, "Is 2022 One of the Most Volatile Years Ever for Stocks?," *LPL Research*, September 1, 2022, lplresearch.com/2022/09/01/is-2022-one-of-the-most-volatile-years-ever-for-stocks.

18쪽 이 글을 쓰는 현재: World Federation of Exchanges, "Welcome to the Future of Markets," world-exchanges.org.

19쪽 매우 능동적인 개인 투자자의 성공률을 조사한: Bob Pisani, "Attention Robinhood Power Users: Most Day Traders Lose Money," *CNBC*, November 20, 2020, cnbc.com/2020/11/20/attention-robinhood-power-users-most-day-traders-lose-money.html.

19쪽 전문적인 자산 관리자 중 약 80퍼센트가: Josh Meyers, "New Report Finds Almost 80% of Active Fund Managers Are Falling Behind the Major Indexes," *CNBC*, March 27, 2022, cnbc.com/2022/03/27/new-report-finds-almost-80percent-of-active-fund-managers-are-falling-behind.html.

20쪽 2021년 한 해에만: Dean Talbot, "Business Book Sales Statistics," *WordsRated*, December 20, 2022, wordsrated.com/business-books-statistics.

21쪽 "자신의 감정을 통제하지 못하는 사람은": Andy Shuler, "9 Top Benjamin Graham Quotes on Value Investing," *eInvesting for Beginners*, November 21, 2019, einvestingforbeginners.com/benjamin-graham-quotes-ashul.

21쪽 나도 2008년에 주식 시장이 붕괴되고: John Carney, "America Lost $10.2 Trillion in 2008," *Business Insider*, February 3, 2009, businessinsider.com/2009/2/america-lost-102-trillion-of-wealth-in-2008?international=true&r=US&IR=T.

22쪽 모든 감정은 처음에는 약하지만: Lucius Annaeus Seneca, *Selected Letters*, trans. Elaine Fantham (Oxford: Oxford University Press, 2010), 253.

25쪽 2020년 3월에 큰 시련이 닥쳤다: Bob Pisani, "One Year Ago, Stocks Dropped 12% in a Single Day. What Investors Have Learned Since Then," *CNBC*, March 16, 2021, cnbc.com/2021/03/16/one-year-ago-stocks-dropped-12percent-in-a-single-day-what-investors-have-learned-since-then.html.

02. 고대 철학을 적용해 부를 쌓아라

26쪽 스토아학파는 기원전 3세기에: Joshua J. Mark, "Zeno of Citium," *World History Encyclopedia*, February 15, 2011, worldhistory.org/Zeno_of_Citium.

31쪽 "품위를 유지하면서 정직하고 신뢰할 수 있는 방법으로": Chuck Chakrapani, *The Good Life Handbook: Epictetus' Stoic Classic Enchiridion* (Toronto: Stoic Gym, 2016), 69.

03. 스토아 철학으로 투자 우위를 구축하는 3단계

35쪽 그의 보유 자산 중에는: "Berkshire Hathaway: Everything You Need to Know," *Insurance Business*, accessed July 24, 2023, insurancebusinessmag.com/us/companies/berkshire-hathaway/117652.

36쪽 그는 하루 평균 다섯 시간씩: "How Warren Buffett Keeps Up with a Torrent of Information," *Farnam Street*, n.d., fs.blog/warren-buffett-information.

36쪽 그는 현금만 1,000억 달러 이상을 보유한,: Bloomberg editors, "Buffett Nears a Milestone He Doesn't Want: $100 Billion in Cash," *Money*, August 7, 2017, money.com/warren-buffett-berkshire-hathaway-too-much-cash.

38쪽 한 조사에 따르면 주식 투자를 하려는: Stash Team, "90% of Americans Want to Invest but Almost Half Don't Know Where to Start," *Stash*, August 9, 2022, stash.com/learn/90-of-americans-want-to-invest-but-almost-half-dont-know-where-to-start.

39쪽 S&P 500의 연평균 수익률은: Caroline Banton, "The Rule of 72: What It Is and How to Use It in Investing," *Investopedia*, updated June 18, 2023, investopedia.com/ask/answers/what-is-the-rule-72.

43쪽 그건 우리 영혼을 사로잡지 못한다: Marcus Aurelius, *Meditations*, trans. Gregory Hays (New York: Modern Library, 2003), 36.

부의 핵심 1 - 나에게 투자해라

45쪽 아무리 어려워도 불가능하다고 생각하지는 말자: Marcus Aurelius, *Meditations*, trans. Gregory Hays (New York: Modern Library, 2003), 73.

04. 돈으로 환산할 수 없는 기술을 가져라

48쪽 오늘날 역대 최고의 주식 투자자로 꼽힌다: Lucinda Shen, "Why Wall Street Traders Are Obsessed with Jesse Livermore," *Business Insider*, July 17, 2015, businessinsider.com/the-life-of-jesse-livermore-2015-7.

48쪽 아버지의 뒤를 잇고 싶지 않았다: Tom Rubython, *Jesse Livermore: Boy Plunger; The Man Who Sold America Short in 1929* (Northamptonshire, UK: Myrtle Press, 2014).

48쪽 1891년에 보스턴에 도착한 그는: Rubython, *Jesse Livermore*.

48쪽 그가 맡은 일은 주가를 칠판에: Rubython, *Jesse Livermore*.

49쪽 놀랍게도 리버모어는 자신의 예측이: Rubython, *Jesse Livermore*.

50쪽 어떻게든 주식 시장에 뛰어들겠다고 결심한 리버모어: Rubython, *Jesse Livermore*.

51쪽 무허가 중개소의 거래 규모와 액수는: David Hochfelder, "'Where the Common People Could Speculate': The Ticker, Bucket Shops, and the Origins of Popular Participation in Financial Markets, 1880 – 1920," *Journal of American History* 93, no. 2 (September 1, 2006): 335 – 58, doi.org/10.2307/4486233.

51쪽 돈 세탁에도 이런 무허가 중개소가 이용되었기 때문에: 미 당국은 1897년부터 뉴욕의 무허가 거래소를 폐쇄하기 시작했고 1908년에 마지막 무허가 거래소를 폐쇄했다. "Big Raid on Bucket Shops," *New York Times*, April 24, 1897, nytimes.com/1897/04/24/archives/big-raid-on-bucket-shops-three-new-street-houses-closed-in-the.html.

51쪽 그가 가장 기억에 남는다고 했던: Rubython, *Jesse Livermore*.

52쪽 1907년에 리버모어는: Edwin Lefevre, *Reminiscences of a Stock Operator* (New York: George H. Doran, 1923).

52쪽 1907년 10월 중순에는 뉴욕 증시가: Ellen Terrell, "United Copper, Wall Street, and the Panic of 1907," *Inside Adams* (블로그), Library of Congress, March 9, 2021, blogs.loc.gov/inside_adams/2021/03/united-copper-panic-of-1907.

52쪽 전 재산을 잃었다: Shen, "Why Wall Street Traders Are Obsessed."

52쪽 "월스트리트를 이길 필요는 없다": Richard Smitten, *Jesse Livermore: World's Greatest Stock Trader* (New York: John Wiley & Sons, 2001), 36.

54쪽 이틀 만에 수십억 달러의 손실이 발생했고: ET Bureau, "Market Crash of 1929: Some Facts of the Economic Downturn," *Economic Times*, October 22, 2017, economictimes.indiatimes.com/industry/miscellaneous/market-crash-of-1929-some-facts-of-the-economic-downturn/articleshow/61166918.cms?from=mdr.

55쪽 '인생의 목표는 자연과 조화롭게 사는 것': Ryan Holiday and Stephen Hanselman, *Lives of the Stoics: The Art of Living from Zeno to Marcus Aurelius* (New York: Portfolio/ Penguin, 2020), 27.

56쪽 "미래는 더 많은 기술을 배우고": Robert Greene, *Mastery* (New York: Viking Adult, 2012), 80.

56쪽 "교육이란 무엇인가?": Epictetus, *Enchiridion (with a Selection from the Discourses)*, trans. George Long (Overland Park, KS: Digireads.com, 2016), 71.

59쪽 "자신을 탐색하고, 다양한 방식으로": Lucius Annaeus Seneca, *Selected Letters*, trans. Elaine Fantham (Oxford: Oxford University Press, 2010), 31.

59쪽 "읽기와 쓰기에 숙달되려면": Marcus Aurelius, *Meditations*, trans. Gregory Hays (New York: Modern Library, 2003), 156.

60쪽 "지금은 자신의 이상을 실천하는 문제를": Epictetus, *The Art of Living: The Classical Manual on Virtue, Happiness, and Effectiveness*, trans. Sharon Lebell (San Francisco: Harper Collins, 1995), 90.

61쪽 "당신은 아직 소크라테스가 아니지만": Epictetus, *Discourses and Selected Writings*, trans. Robert Dobbin (New York: Penguin Classics, 2008), 255.

61쪽 "글쓰기는 모방을 통해 배울 수 있다": William Zinsser, "Looking for a Model," *American Scholar*, December 2, 2011, theamericanscholar.org/looking-for-a-model/#.VVSw70JYzA4.

64쪽 교육받은 사람만이 자유롭다: Epictetus, *Discourses: Books 1 and 2*, trans. P. E. Matheson (Mineola, NY: Dover Publications, 2004), 144.

05. 주식 시장의 숨은 원칙들

67쪽 1950년 봄: Roger Lowenstein, *Buffett: The Making of an American Capitalist* (New York: Random House, 1995).

67쪽 "내 겉모습은 열여섯 살쯤으로 보였고": Kathleen Elkins, "22 Mind-Blowing Facts about Warren Buffett and His Wealth," *Business Insider*, September 23, 2015, businessinsider.com/facts-about-warren-buffett-2015-9.

67쪽 사실 18세기에 주식시장이 탄생한 이후: Alice Schroeder, *The Snowball: Warren Buffett and the Business of Life* (New York: Bantam Books, 2008).

67쪽 이런 식의 매매 전략이: Brian Domitrovic, "Why Did People Buy Stocks in the 1920s?," *Forbes*, January 9, 2020, forbes.com/sites/briandomitrovic/2020/01/09/why-did-people-buystocks-in-the-1920s.

68쪽 사람들은 주식을 높은 가격에 사서: Domitrovic, "Why Did People Buy Stocks?"

68쪽 또한 더 거슬러 올라가 본 결과: Edgar Lawrence Smith, *Common Stocks as Long Term Investments* (New York: Macmillan, 1924).

70쪽 버핏은 열한 살이던 1941년에: Joshua Kennon, "How Did Warren Buffett Become So Rich?" *The Balance*, updated July 5, 2022, thebalancemoney.com/warren-buffett-timeline-356439.

70쪽 "그때 나는 스물한 살이었다": Schroeder, *Snowball*, 131.

70쪽 "주유소를 산 건 정말 멍청한 짓이었다": Schroeder, *Snowball*, 129.

72쪽 "그런 장소에 직접 가는 사람은 나뿐이었다": Schroeder, *Snowball*, 151.

73쪽 주식 시장이 실제로 생긴 건: Mark Casson & John S. Lee, "The Origin and Development of Markets: A Business History Perspective," *Business History Review* 85, no. 1 (May 11, 2011): 9-37, doi.org/10.1017/S0007680511000018.

74쪽 예를 들어, 거래 금액이 100~400달러면: Charles M. Jones, "Century of Stock Market Liquidity and Trading Costs," Columbia Business School Research Paper Series, May 22, 2002, www0.gsb.columbia.edu/mygsb/faculty/research/pubfiles/4048/A%20century%20of%20Market%20Liquidity%20and%20Trading%20Costs.pdf.

76쪽 1920년대 투자자들은: "General Electric Co. History, Profile and Corporate Video," Companies History, accessed July 26, 2023, companieshistory.com/general-electric.

80쪽 "비즈니스, 금융, 시장 주기에서": Howard Marks, *Mastering the Market Cycle: Getting the Odds on Your Side* (Boston: Houghton Mifflin Harcourt, 2018), 93.

83쪽 "상황 때문에 불가피하게 혼란에 빠지더라도": Marcus Aurelius, *Meditations*, trans. Gregory Hays (New York: Modern Library, 2003), 70.

84쪽 〈미국 주식을 사라. 나는 그렇게 한다〉: Warren E. Buffett, "Buy American. I Am," *New York Times*, October 16, 2008, nytimes.com/2008/10/17/opinion/17buffett.html.

84쪽 진전을 이루면서: Lucius Annaeus, *Seneca, Seneca's Letters from a Stoic*, trans. Richard Mott Gummere (Mineola, NY: Dover Publications, 2016), 84.

06. 투자는 습관, 일관성 있게 투자해야 성공한다

88쪽 소식지를 발행한 지 10년 이상 지난: Robert D. Hershey Jr., "Geraldine Weiss Dies at 96; Blazed a Trail for Women in Investing," *New York Times*, April 26, 2022, nytimes.com/2022/04/26/business/geraldine-weiss-dead.html.

88쪽 와이스는 〈월스트리트 위크〉에 출연했고,: Kevin LeVick, "Geraldine Weiss: 'The Grande Dame of Dividends,' " *The Street*, March 23, 2021, thestreet.com/dictionary/geraldine-weiss-the-grand-dame-of-dividends.

89쪽 여성에 대한 혐오가 매우 노골적이던: "Geraldine Weiss," Capitol Private Wealth Group, n.d., capitolpwg.com/wp-content/uploads/2017/07/Geraldine-Weiss.pdf.

89쪽 예일대학과 프린스 턴대학은 1969년까지: Katie McLaughlin, "5 Things Women Couldn't Do in the 1960s," *CNN*, August 25, 2014, edition.cnn.com/2014/08/07/living/sixties-women-5-things/index.html.

89쪽 와이스는 이전에 슈퓰로비츠라는 성으로: Shenandoah Weiss, "Geraldine Weiss Levine Interviewed by Granddaughters in 2011," January 21, 2012, YouTube video, 56:31, youtu.be/ep-_MRu45Wc.

90쪽 "그렇게 읽은 책들 가운데": "Dividend Stocks Pay Off," *Forbes*, February 12, 2002, forbes. com/2002/02/12/0212adviser.html?sh=31a7d6163dbd.

90쪽 와이스도 말했지만 "(당시) 여성들의 목표는": Weiss, "Geraldine Weiss Levine Interviewed."

91쪽 "우리는 근근이 먹고 사는 형편이었다": Amanda Leek, "How to Invest Like… Geraldine Weiss, the Queen of Blue-Chip Dividends," *Telegraph*, September 18, 2017, telegraph.co.uk/money/special-reports/invest-likegeraldine-weissthe-queen-blue-chip-dividends.

91쪽 "기본적으로 건실한 기업이": Anupam Nagar, "Geraldine Weiss' Mantra for Investing Success: Stay with High Dividend-Paying Stocks," *Economic Times*, February 20, 2021, economictimes.indiatimes. com/markets/stocks/news/bluechip-stocks-guru-geraldine-weiss-success-mantra-bet-on-high-dividend-paying-companies/articleshow/81124897.cms.

93쪽 "내가 서명한 홍보용 소식지에 대한": Geraldine Weiss, "Happy Birthday, I.Q. Trends," *IQ Trends*, April 1, 2006, tayloredge.com/bits-n-pieces/news/happybirthday.pdf.

93쪽 1986년부터 2022년 사이에 이 소식지가 추천한 종목의: Hershey Jr., "Geraldine Weiss Dies at 96."

94쪽 "모든 습관과 능력은": Epictetus, *Enchiridion (with a Selection from the Discourses)*, trans. George Long (Overland Park, KS: Digireads.com, 2016), 120.

95쪽 "그렇다면 어떤 일에 대한 이론을 아는 것이": *Musonius Rufus: Lectures and Sayings*, trans. Cynthia King (North Charleston, SC: CreateSpace, 2011), 34.

97쪽 "마음에 드는 도기 잔이 있다고 가정해 보자": Chuck Chakrapani, *The Good Life Handbook: Epictetus' Stoic Classic Enchiridion* (Toronto: The Stoic Gym, 2016), 69.

101쪽 "우리가 선해지려는 이유는": *Musonius Rufus*, 38.

102쪽 철학을 포기하든 중단하든: Lucius Annaeus Seneca, *Selected Letters*, trans. Elaine Fantham (Oxford: Oxford University Press, 2010), 115.

부의 핵심 2 – 손실을 받아들여라

105쪽 지금보다 나아지고 싶다면,: Epictetus, "The *Enchiridion*, Translated by Elizabeth Carter," The Internet Classics Archive, accessed July 24, 2023, classics.mit.edu/Epictetus/epicench.html.

07. 단기 손실에 익숙해져라

108쪽 "대학에 들어갈 때 매우 두려웠어요": FINAiUS, "How Cathie Wood Became the Queen of Retail Investors," November 20, 2021, YouTube video, 30:12, youtu.be/CIXH1cceujg.

109쪽 "그렇게 장기 비전에 집중하는 일에": Adam Shell, "ARK Invest's Cathie Wood Reveals Her Successful Playbook," *Investor's Business Daily*, October 29, 2020, investors.com/news/management/leaders-and-success/cathie-wood-ark-invest-shows-you-her-winning-playbook.

110쪽 투펠로의 총 운용자산이 13억 달러: "Tupelo Capital Management, L.L.C., 13F Report for Period Ending 2000-03-31," United States Securities and Exchange Commission, accessed on July 26, 2023, sec.gov/Archives/edgar/data/1080349/000095012300004921/0000950123-00-004921.txt.

110쪽 2001년 초에는 약 2억 달러로 줄어들었다: "Tupelo Capital Management, L.L.C."

110쪽 자신의 아이디어를 얼라이언스번스타인 경영진에 제안했다: Michael Wursthorn, "Cathie

Wood, Meme-Stock Champion Who Bet Big on Tesla and Bitcoin, Stands Her Ground," *Wall Street Journal*, August 6, 2021, wsj.com/articles/cathie-wood-ark-guiding-light-meme-stock-investing-11628258307.

111쪽 나스닥 분석에 따르면: Rebecca Lake, "History of IPOs That Failed," *SoFi*, March 8, 2022, sofi.com/learn/content/ipos-that-failed/#.

111쪽 우드는 아크인베스트를 설립했을 때: Matt Phillips, "God, Money, YOLO: How Cathie Wood Found Her Flock," *New York Times*, August 22, 2021, nytimes.com/2021/08/22/business/cathie-wood-ark-stocks.html.

112쪽 아크인베스트를 설립한 지 2년 뒤인 2016년.: "ARK Innovation ETF ARKK: Performance," Morningstar, morningstar.com/etfs/arcx/arkk/performance.

112쪽 심지어 판매사가 지배주를 매입할 수 있는: Claire Ballentine, "Cathie Wood's Ark Invest Rocked as Shareholder Seeks Control," *Bloomberg*, November 16, 2020, bloomberg.com/news/articles/2020-11-16/takeover-battle-emerges-for-cathie-wood-s-ark-in-stellar-year.

112쪽 우드는 사업을 계속 유지하려고 2016년 말까지: Hayley C. Cuccinello, " 'Go For It': America's Richest Self-Made Women on Founding Businesses after 40," *Forbes*, October 13, 2020, forbes.com/sites/hayleycuccinello/2020/10/13/american-self-made-women-founders-over-40.

112쪽 이듬해인 2017년.: "ARK Innovation ETF (ARKK) Performance," *Yahoo! Finance*, finance.yahoo.com/quote/ARKK/performance.

113쪽 2021년 초에는 아크인베스트의 총 운용자산이: Claire Ballentine, "Cathie Wood Amasses $50 Billion and a New Nickname: 'Money Tree,'" *Bloomberg*, February 5, 2021, bloomberg.com/news/articles/2021-02-05/cathie-wood-amasses-50-billion-and-a-new-nickname-money-tree.

113쪽 하지만 우드는 자신의 핵심 펀드가: Jack Pitcher, "Investors Are Losing Faith in Cathie Wood's ARK Innovation," *Wall Street Journal*, December 12, 2022, wsj.com/articles/investors-are-losing-faith-in-cathie-woods-ark-innovation-11670846139.

113쪽 2022년 12월에 올린 트윗에서는: Cathie Wood (@CathieDWood), "금융계는 지수 성장에만 리서치와 투자를 집중하는 @ARKInvest를 비판한다. 이는 지수 성장과 수익성 높은 장기 성장을 위해 단기적인 수익성을 희생하는 기업들의 엄청난 수익 잠재력에 대한 우리의 예측을 일축하는 것이다." Twitter, December 4, 2022, 10:53 a.m. ET, twitter.com/CathieDWood/status/1599431785431326721.

114쪽 2018년, 테슬라 주가가: Grace Dean, "Elon Musk Says Tesla Was Just a Month Away from Bankruptcy While It Ramped Up Production of the Model 3," *Business Insider*, November 4, 2020, businessinsider.com/elon-musk-tesla-bankruptcy-model-3-electric-vehicle-ev-production-2020-11.

114쪽 당시 테슬라는 주당 약 22달러에 거래되었다: "Tesla Stock Price in 2018," StatMuse, statmuse.com/money/ask/tesla+stock+price+in+2018#.

114쪽 하지만 우드는 대담하게도: 2018년에 우드는 테슬라 주가가 4,000달러에 이를 것이라고 예측했는데, 그건 주식을 5대 1 및 3대 1로 분할하기 전에 예측한 가격이다. 두 차례의 분할을 고려해서 조정한 우드의 예측가는 약 260달러다. Matthew J. Belvedere, "Tesla Stock Going to $4,000— That Would be an Increase of 1,100%: Money Manager Catherine Wood," *CNBC*, February 7, 2018, cnbc.com/2018/02/07/ark-chief-catherine-wood-sees-tesla-stock-going-to-4000.html.

114쪽 1년 뒤, 테슬라 주가가: 우드가 2018년에 예측했을 당시 테슬라는 300달러에 거래되고 있었다.

테슬라 주가는 2019년 6월에 177달러로 최저치를 기록했는데 이 가격은 주식 분할 전의 가격이다. Alan Farley, "Slumping Tesla Stock Headed into Test of 2019 Low," *Investopedia*, August 15, 2019, investopedia.com/slumping-tesla-stock-headed-into-test-of-2019-low-4767681.

114쪽 2021년 1월: Matthew Fox, "ARK's Cathie Wood Made a Monster Call in 2018 That Tesla Stock Would Hit $4,000. Her Prediction Just Came True 2 Years Early," *Business Insider*, January 8, 2021, markets.businessinsider.com/news/stocks/tesla-stock-analysis-cathie-wood-ark-prediction-just-came-true-2021-1-1029944356.

116쪽 "그분은 결코 무례한 모습을 보이지 않았고,": Marcus Aurelius, *Meditations*, trans. Gregory Hays (New York: Modern Library, 2003), 10.

118쪽 "빵집에는 빵이 없는데": Lucius Annaeus Seneca, *Selected Letters*, trans. Elaine Fantham (Oxford: Oxford University Press, 2010), 267.

119쪽 S&P 500 지수의 역사를 살펴보면: "Percentage Positive and Negative Days across Various Periods: S&P 500 Index," Crestmont Research, n.d., crestmontresearch.com/docs/Stock-Yo-Yo.pdf.

121쪽 2023년 초에 테슬라와 코인베이스의 주가가: Ben Ward, "Cathie Wood's Been Busy Adding to ARK Invest's Holdings, Buying Tesla, Coinbase and More," *Nasdaq*, April 20, 2023, nasdaq.com/articles/cathie-woods-been-busy-adding-to-ark-invests-holdings-buying-tesla-coinbase-and-more.

123쪽 고난을 견디면서 용기를 키우고: *Musonius Rufus, Lectures and Sayings*, trans. Cynthia King (North Charleston, SC: CreateSpace, 2011), 37.

08. 그렇다고 가진 돈을 다 잃어서는 안 된다

126쪽 1932년에 태어난 소프는: Edward O. Thorp, *A Man for All Markets: From Las Vegas to Wall Street, How I Beat the Dealer and the Market* (New York: Random House, 2017).

126쪽 소프가 1961년에 〈21을 위한 유리한 전략〉: Jacob Goldstein, "Episode 749: Professor Blackjack," January 20, 2017, *Planet Money*, 팟캐스트 대본, npr.org/transcripts/510810752.

127쪽 소프는 그 여행길에서 도박꾼에게 받은: Robert Blincoe, "Defining Moment: A Professor Temporarily Turns the Tables on the Casinos, 1962," *Financial Times*, November 28, 2009, ft.com/content/99075802-d7de-11de-b578-00144feabdc0.

127쪽 "감정적으로 편안한 수준에서만 베팅하고": Thorp, *Man for All Markets*, 88.

128쪽 '지구상에서 가장 큰 도박장': Thorp, *Man for All Markets*, 144.

128쪽 1969년, 소프는 대학 교수를 그만두고: Burton G. Malkiel, "The Math Whiz and the Money," *Wall Street Journal*, January 29, 2017, wsj.com/articles/the-math-whiz-and-the-money-1485733245.

129쪽 소프는 4년 만에 간신히 원금을 회수했지만: "Stock Market Returns between 1969 and 1973," officialdata.org/us/stocks/s-p-500/1969?amount=100&endYear=1973.

129쪽 "내가 무슨 실수를 저지른 거지?": Thorp, *Man for All Markets*, 146.

129쪽 6년 뒤인 1975년: Michael Hiltzik, "Beating the Odds: Ed Thorp Tells How He Invented Card Counting and Made a Fortune on Wall Street," *Los Angeles Times*, February 17, 2017, latimes.com/business/hiltzik/la-fi-hiltzik-thorp-20170217-story.html.

129쪽 개중에는 '도덕적 나침반이 부족한 것 같은': Thorp, *Man for All Markets*, 177 – 78.

130쪽 헤지펀드를 설립했는데, 유명한 학자와 베테랑 트레이더: Roger Lowenstein, *When Genius Failed: The Rise and Fall of Long-Term Capital Management* (New York: Random House, 2000), 67 – 77.

130쪽 "메리웨더는 살로몬 브러라더스에서 상당한 위험을": Thorp, *Man for All Markets*, 265.

131쪽 거만하게도 JWM파트너스라는 다른 헤지펀드를 설립했다: Sam Jones, "Meriwether's JWM Partners Winds Down Flagship Fund," *Financial Times*, July 8, 2009, ft.com/content/21a6bbee-6c00-11de-9320-00144feabdc0.

131쪽 한 번도 손실을 본 적이 없다고 보고했다: Scott Patterson, "Old Pros Size Up the Game," *Wall Street Journal*, March 22, 2008, wsj.com/articles/SB120614130030156085.

131쪽 "월스트리트에서 말하는 성공은": Thorp, *Man for All Markets*, 213.

132쪽 "갑자기 타락하는 사람은 없다": *Encyclopaedia Britannica*, s.v. "Juvenal: Quotes," britannica.com/quotes/Juvenal.

135쪽 이런 신규 상장 회사들은 대부분: Corrie Driebusch, "IPO Stocks Have Tumbled, Hobbling Demand for New Listings," *Wall Street Journal*, September 26, 2022, wsj.com/articles/poor-ipo-stock-performance-weighs-further-on-new-issue-market-11664184781.

136쪽 "시장은 당신이 지불 능력을 유지할 수 있는 기간보다": 케인즈가 정말 이런 말을 했는지는 확실치 않다. "The Market Can Remain Irrational Longer Than You Can Remain Solvent," *Quote Investigator*, n.d., quoteinvestigator.com/2011/08/09/remain-solvent.

136쪽 "합리적인 영혼은 자기 인식,": Marcus Aurelius, *Meditations*, trans. Gregory Hays (New York: Modern Library, 2003), 147.

138쪽 "자유는 원하는 것을 온전히": Epictetus, *The Works of Epictetus: His Discourses, in Four Books, the Enchiridion, and Fragments*, trans. Thomas Wentworth Higginson (New York: Thomas Nelson and Sons, 1890), 2149.

140쪽 1926년 이래 미국 주식 시장은: Ben Carlson, "The Stock Market Is Not a Casino," *A Wealth of Common Sense* (블로그), May 25, 2023, awealthofcommonsense.com/2023/05/the-stock-market-is-not-a-casino.

140쪽 마르쿠스 아우렐리우스의 말처럼: Aurelius, *Meditations*, 106.

142쪽 건전한 정신은 어떤 상황이든 대비할 수 있어야 한다: Aurelius, *Meditations*, 142.

09. 탐욕을 버려라

145쪽 모건이 1929년에 웰링턴 펀드를 시작했을 때: "VWELX Vanguard Wellington Fund Investor Shares," Vanguard, investor.vanguard.com/investment-products/mutual-funds/profile/VWELX.

145쪽 예순여섯 살이던 모건은: John C. Bogle, *Stay the Course: The Story of Vanguard and the Index Revolution* (Hoboken, NJ: Wiley, 2018).

145쪽 '고고'라는 말은: James Chen, "Go-Go Fund," *Investopedia*, June 30, 2022, investopedia.com/terms/g/go-go-fund.asp.

146쪽 프린스턴대학에서 경제학을 전공한 뒤: Edward Wyatt, "John C. Bogle, Founder of Financial Giant Vanguard, Is Dead at 89," *New York Times*, January 16, 2019, nytimes.com/2019/01/16/obituaries/john-bogle-vanguard-dead.html.

146쪽 보글은 졸업하자마자 웰링턴에서 일하기 시작했고: Kathleen Elkins, "Jack Bogle Shares the $1

Billion Investing Mistake That Cost Him His Job," *CNBC*, December 21, 2018, cnbc. com/2018/12/20/jack-bogles-biggest-investing-mistake-cost-1-billion-and-his-job.html.

146쪽 1970년, 보글이 웰링턴의 CEO가 되었다: Rick Ferri, "What Was John Bogle Thinking?" *Forbes*, February 10, 2014, forbes.com/sites/rickferri/2014/02/10/what-was-john-bogle-thinking/?sh=ac281be68e71.

146쪽 1974년, 보글은 해고되었다: Elkins, "Jack Bogle Shares."

146쪽 보글은 모건의 뜻에 따르긴 했지만: Bogle, *Stay the Course*.

146쪽 사실 보글은 1951년 프린스턴대학에서 발표한 논문에서: John Clifton Bogle, "The Economic Role of the Investment Company" (졸업 논문, Princeton University, 1951), dataspace.princeton.edu/handle/88435/dsp017m01bm63k에서 열람 가능.

147쪽 보글은 예전부터 인덱스 펀드를 만들고 싶어 했지만,: Jason Zweig, "Birth of the Index Mutual Fund: 'Bogle's Folly' Turns 40," *Jason Zweig* (블로그), August 31, 2016, jasonzweig.com/birth-of-the-index-mutual-fund-bogles-folly-turns-40.

147쪽 처음에는 보글과 직원 두 명뿐이었다: Laura Southwick, "Jack and the Bogleheads: How Vanguard Changed Investing Forever," *Juno Finance* (블로그), March 4, 2021, juno.finance/blog/John-bogle-bogleheads-vanguard-history.

148쪽 "대부분의 투자자가": John C. Bogle, "Bogle Sounds a Warning on Index Funds," *Wall Street Journal*, November 29, 2018, wsj.com/articles/bogle-sounds-a-warning-on-index-funds-1543504551.

148쪽 사람들은 벌써부터 뮤추얼 펀드를: Jason Zweig, "Birth of the Index Mutual Fund: 'Bogle's Folly' Turns 40," *Wall Street Journal*, updated August 31, 2016, wsj.com/articles/BL-MBB-52953.

148쪽 월스트리트 사람들이 생각하기에: "Jack Bogle: The Man Who Pioneered Index Investing," *BBC News*, January 17, 2019, bbc.com/news/business-46906246.

149쪽 "모든 동료들이": John C. Bogle, "How the Index Fund Was Born," *Wall Street Journal*, September 3, 2011, wsj.com/articles/SB10001424053111904583204576544681577401622.

149쪽 1970년대 중반 뱅가드의: CNBC.com staff, "Jack Bogle, Index Mutual Fund Pioneer," *CNBC*, April 29, 2014, cnbc.com/2014/04/29/25-jack-bogle.html.

149쪽 6년 후 뱅가드는: Bogle, *Stay the Course*.

149쪽 8조 달러가 넘는 자산을 관리하면서: "Assets Under Management (AUM) of Vanguard in 1975, 1990, 2005 and 2022 (in Billion U.S. Dollars)," *Statista*, accessed July 28, 2023, statista.com/statistics/1260855/vanguard-aum.

149쪽 미국에서 두 번째로 큰 자산운용사가 되었다: "Largest Asset Managers Worldwide as of March 2022, by Value of Managed Assets (in Trillion U.S. Dollars)," *Statista*, accessed July 28, 2023, statista.com/statistics/322452/largest-asset-managers-worldwide-by-value-of-assets.

149쪽 2019년 여든아홉 살의 나이로 사망할 당시: Shawn M. Carter, "This Was Jack Bogle's 'Only Regret about Money,'" *CNBC*, January 18, 2019, cnbc.com/2019/01/18/jack-bogles-only-money-regret.html.

149쪽 같은 해에 자산 보유액이 122억 달러였다: Nir Kaissar, "He Should Be a Billionaire, but Jack Bogle Chose to Make Others Richer," *Sydney Morning Herald*, January 19, 2019, smh.com.au/business/markets/he-should-be-a-billionaire-but-jack-bogle-chose-to-make-others-richer-

20190119-p50sd8.html.

149쪽 보글은 정기적으로 급여의 절반을: Wyatt, "John C. Bogle, Founder of Financial Giant."

150쪽 보글과 그의 상속인들이: Jeff Sommer, "Vanguard's Jack Bogle Wasn't a Billionaire. He Was Proud of That.," *New York Times*, January 16, 2019, nytimes.com/2019/01/16/business/vanguard-jack-bogle-death.html.

150쪽 "사람은 돈이 얼마나 있어야 만족할까요?": *New World Encyclopedia*, s.v. "John D. Rockefeller," newworldencyclopedia.org/entry/John_D_Rockefeller.

150쪽 '꼭 필요한 것보다 1달러 많은': John C. Bogle, *Enough: True Measures of Money, Business, and Life* (Hoboken, NJ: Wiley, 2008), 239.

150쪽 스토아주의자들은 처음부터: 스토아주의, 쾌락주의, 냉소주의의 공통점과 차이점에 대한 자세한 설명은 에디스 홀 교수의 강의를 참조하자. 홀 교수는 고대 그리스 문학과 문화사를 전공한 영국 고전학자다. Edith Hall, "Cynics, Stoics, Epicureans," Gresham College, May 27, 2021, 동영상, 45:58, gresham.ac.uk/watch-now/88cynics-stoics-epicureans.

151쪽 "부의 적절한 척도": Lucius Annaeus Seneca, *Selected Letters*, trans. Elaine Fantham (Oxford: Oxford University Press, 2010), 5.

152쪽 코로나 이후 주식 붐이 일어나기 시작한: Ethan Wolff-Mann, "43% of Retail Investors Are Trading with Leverage: Survey," *Yahoo! Finance*, September 9, 2020, finance.yahoo.com/news/43-of-retail-investors-are-trading-with-leverage-survey-172744302.html.

152쪽 "쾌락에 정복당해선 안 된다는 사실을": *Musonius Rufus: Lectures and Sayings*, trans. Cynthia King (North Charleston, SC: CreateSpace, 2011), 36.

153쪽 "통제할 수 없는 것을 원하면": Chuck Chakrapani, *The Good Life Handbook: Epictetus' Stoic Classic Enchiridion* (Toronto: Stoic Gym, 2016), 69.

155쪽 '선택과 거부': William B. Irvine, *A Guide to the Good Life: The Ancient Art of Stoic Joy* (Oxford: Oxford University Press, 2008), 54.

156쪽 "먹어야 하는 양보다 더 많이 먹는 사람은": *Musonius Rufus*, 74.

158쪽 "적게 가져도 충분히 살아갈 수 있는데": Irvine, *A Guide to the Good Life*, 173.

부의 핵심 3 - 돈을 복리로 불려라

161쪽 "도덕적인 권고는 씨앗 같은 작용을 한다": Lucius Annaeus Seneca, *Selected Letters*, trans. Elaine Fantham (Oxford: Oxford University Press, 2010), 60.

10. 돈이 일하게 하라

164쪽 피터 린치는 겨우 열 살이었다: Peter Lynch & John Rothchild, *One Up on Wall Street: How to Use What You Already Know to Make Money in the Market* (New York: Penguin Books, 1989).

164쪽 설리번과 피델리티의 임원들을 보면서: Anne Fisher, "From Golf Caddy to Big Shot: No Accidental Path," *Fortune*, July 17, 2013, fortune.com/2013/07/17/from-golf-caddy-to-big-shot-no-accidental-path.

164쪽 그는 주식 시장에서 얻은 수익으로: "Betting on the Market Pros: Peter Lynch," PBS, n.d., pbs.org/wgbh/pages/frontline/shows/betting/pros/lynch.html.

164쪽 1969년에는 정규직 애널리스트가 되었다: "Peter Lynch Resource Page," Value Walk, n.d., valuewalk.com/peter-lynch-resource-page.

165쪽 마젤란 펀드가 20퍼센트의 수익률을 달성한 것이다: Peter Lynch & John Rothchild, *Beating the Street* (New York: Simon & Schuster, 1992).

166쪽 린치는 1982년 6월을 가리켜: Lynch & Rothchild, *Beating the Street*, 149.

167쪽 크라이슬러 주식은 1982년에는 주당 2달러였지만: Lynch & Rothchild, *Beating the Street*, 148.

167쪽 그는 주당 90시간 이상 일했다: Anise C. Wallace, "Mutual Fund Champion Quits as Magellan Head," *New York Times*, March 29, 1990, nytimes.com/1990/03/29/business/mutual-fund-champion-quits-as-magellan-head.html.

167쪽 S&P 500 지수는 20.4퍼센트 하락했는데: Ryan McKeon & Jeffrey M. Netter, "What Caused the 1987 Stock Market Crash and Lessons for the 2008 Crash," *Review of Accounting and Finance* 8, no. 2 (January 19, 2009): 123 - 37, dx.doi.org/10.2139/ssrn.1330220.

168쪽 "하루에 508포인트가 하락하던": Lynch & Rothchild, *One Up on Wall Street*, 36.

168쪽 그는 1,800만 달러 규모였던 이 펀드를: Steven Perlberg, "Mutual Fund Legend Peter Lynch Identifies His 'Three C's' of Investing in a Rare Interview," *Business Insider*, December 6, 2013, businessinsider.com/peter-lynch-charlie-rose-investing-2013-12.

168쪽 "압박감 때문은 아니었어요": "Betting on the Market Pros: Peter Lynch."

171쪽 "오랫동안 위험에 대비해 온 사람은 위험이 닥쳤을 때": Lucius Annaeus Seneca, *Selected Letters*, trans. Elaine Fantham (Oxford: Oxford University Press, 2010), 228.

172쪽 "손실에 대한 적절한 보상을": Lucius Annaeus Seneca, *On the Shortness of Life: Life Is Long if You Know How to Use It*, trans. C. D. N. Costa (London: Penguin Books, 2005), 68.

173쪽 알베르트 아인슈타인은 복리 효과를: Maurie Backman, "Einstein Said Compound Interest Is the 8th Wonder of the World. Why Graham Stephan Thinks That's Right," *The Ascent*, January 5, 2023, fool.com/the-ascent/buying-stocks/articles/einstein-said-compound-interest-is-the-8th-wonder-of-the-world-why-graham-stephan-thinks-thats-right.

173쪽 "변명하고 미루는 걸 멈춰라": Epictetus, *The Art of Living: The Classical Manual on Virtue, Happiness, and Effectiveness*, trans. Sharon Lebell (San Francisco: Harper Collins, 1995), 90.

173쪽 에픽테토스의 말처럼: Epictetus, *The Art of Living*, 90.

177쪽 "사람은 누구나 죽을 수밖에 없으니,": *Musonius Rufus: Lectures and Sayings*, trans. Cynthia King (North Charleston, SC: CreateSpace, 2011), 86.

11. 자신의 판단을 믿어라

180쪽 한동안 경제학 박사 학위를 따려고도 했지만: Julia La Roche, "The Fabulous Life of Stanley Druckenmiller— the Hedge Funder Who Says Old People Are Robbing Young People Blind," *Business Insider*, March 5, 2013, businessinsider.com/life-of-stanley-druckenmiller-2013-3.

180쪽 단 3개월 만에 40퍼센트나 급등하면서: Sebastian Mallaby, *More Money Than God: Hedge Funds and the Making of a New Elite* (New York: Penguin Press, 2010).

180쪽 이러한 드러켄밀러의 성공은: "The Saturday Story: Soros Loses $2 Billion," *Independent*, November 1, 1997, independent.co.uk/life-style/the-saturday-story-soros-loses-2-billion-1291410.html.

180쪽 소로스는 1969년에 자본금 400만 달러로 펀드를 설립했는데: George Soros, *Soros on Soros: Staying Ahead of the Curve* (New York: John Wiley & Sons, 1995), 47; "Outwitting the Markets: 1969–80," Soros Fund Management LLC, Encyclopedia.com, accessed July 26, 2023, encyclopedia. com/books/politics-and-business-magazines/soros-fund-management-llc#:~:text=in%20 capital%2C%20including-,%24250%2C000,-of%20his%20own.

181쪽 1970년대 일반적인 펀드는: 1968년에 증권거래위원회는 140개의 투자 파트너십을 헤지펀드로 간주했다. 1970년 말에는 규모가 가장 큰 28개 펀드의 가치가 70퍼센트 하락했다. 당시 남아 있던 펀드의 총가치는 3억 달러였다. Alan Rappeport, "A Short History of Hedge Funds," *CFO*, March 27, 2007, cfo.com/banking-capital-markets/2007/03/a-short-history-of-hedge-funds.

181쪽 1988년에 소로스가 서른다섯 살의 드러켄밀러에게 연락해: Mallaby, *More Money Than God*.

181쪽 드러켄밀러는 멘토들에게 퀀텀 펀드에 가야 할지를 물었는데,: Jack D. Schwager, *The New Market Wizards: Conversations with America's Top Traders* (New York: HarperCollins, 1992).

181쪽 그는 자기가: Schwager, *New Market Wizards*, 262.

182쪽 "아무리 세계 최고의 투자자라 하더라도": Schwager, *New Market Wizards*, 262.

182쪽 드러켄밀러는 퀀텀에서 일한 첫해에: Soros, *Soros on Soros*, 61.

182쪽 1년 후인 1989년 8월,: Katherine Burton, "Druckenmiller to Shut Fund after 30 Years as Stress Takes Toll," *Bloomberg*, August 19, 2010, bloomberg.com/news/articles/2010-08-19/druckenmiller-calls-it-quits-after-30-years-as-hedge-fund-job-gets-tougher.

182쪽 "그만두겠습니다"라고 마무리지었다: Mallaby, *More Money Than God*, 188.

182쪽 드러켄밀러는 그 이듬해에: Mallaby, *More Money Than God*.

183쪽 "내 결정은 매우 훌륭한 조치로 판명되었다": Soros, *Soros on Soros*, 62.

183쪽 1992년 9월 16일에: Andrew Beattie, "How Did George Soros Break the Bank of England?" *Investopedia*, November 14, 2022, investopedia.com/ask/answers/08/george-soros-bank-of-england. asp.

183쪽 소로스는 각광받는 걸 좋아했기 때문에: Mallaby, *More Money Than God*, 208.

183쪽 기술주는 드러켄밀러가 잘 아는 자산과는 다르게 움직였다: Gregory Zuckerman, "How the Soros Funds Lost Game of Chicken against Tech Stocks," *Wall Street Journal*, May 22, 2000, wsj.com/articles/SB95894419575853588.

185쪽 퀀텀 펀드는 그해에 수익률이 22퍼센트 하락했고: Michael Batnick, *Big Mistakes: The Best Investors and Their Worst Investments* (New York: Bloomberg Press, 2018).

185쪽 "안녕하냐니, 그게 무슨 말인가?": Zuckerman, "How the Soros Funds Lost."

187쪽 "난 이 시장이 마음에 들지 않는다": Zuckerman, "How the Soros Funds Lost."

187쪽 "누군가가 (당신보다) 얼마나 빨리 돈을 버는가에 신경 쓰는 건": Anupam Nagar, "Tendencies Charlie Munger Wants You to Beat to Make Money in Market," *Economic Times*, November 7, 2020, economictimes.indiatimes.com/markets/stocks/news/tendencies-charlie-munger-wants-you-to-beat-to-make-money-in-market/articleshow/79097287.cms.

188쪽 "마이클 조던처럼 정상에서 은퇴하고 싶었는데": Floyd Norris, "Another Technology Victim? Top Soros Fund Manager Says He 'Overplayed' Hand," *New York Times*, April 29, 2000, nytimes. com/2000/04/29/business/another-technology-victim-top-soros-fund-manager-says-he-overplayed-hand.html.

188쪽 "해를 입지 않겠다고 결정하면": Marcus Aurelius, *Meditations*, trans. Gregory Hays (New York: Modern Library, 2003), 39.

190쪽 2022년에 블록체인 업계에서: 블록체인/암호화폐에서 AI로의 전환에 대한 좋은 분석 내용은 다음을 참조하라. Wright's Research, "Nvidia: Goodbye Crypto, Hello AI," *Seeking Alpha*, November 22, 2022, seekingalpha.com/article/4559930-nvidia-nvda-stock-goodbye-crypto-hello-ai.

190쪽 하지만 이런 암호화폐와 블록체인 기업 대부분에: 수익 창출에 필사적이었던 블록체인/암호화폐 업계의 여러 기업은 비즈니스 모델을 바꾸려고 했다. Stacy Elliott, "Bitcoin Miners Are Pivoting in Search of Profits—and Hedging Their Bets," *Decrypt*, October 18, 2022, decrypt.co/112312/bitcoin-miners-pivoting-profits-hedging.

191쪽 "미래를 두려워하고 비참함을 예상하면서": Lucius Annaeus Seneca, *Seneca's Letters from a Stoic*, trans. Richard Mott Gummere (Mineola, NY: Dover Publications, 2016), 351 – 52.

192쪽 그는 자기 펀드에서는 손해를 본 적이 없다: Andrew Ross Sorkin & Peter Lattman, "Founder Terminating Hedge Fund," *New York Times*, August 18, 2010, nytimes.com/2010/08/19/business/19hedge.html.

192쪽 2000년에 알리바바 그룹에 투자한 2,000만 달러는: Peter Elstrom, Pavel Alpeyev, Lulu Yilun Chen, "Inside the Eccentric, Relentless Deal Making of SoftBank's Masayoshi Son," *Los Angeles Times*, January 2, 2018, latimes.com/business/la-fi-tn-masayoshi-son-softbank-20180102-story.html.

193쪽 "매일 가격을 확인했는데": Masayoshi Son, "Masayoshi Son Talks about Learning from Mistakes and Turning Them into Success | DealBook," *New York Times Events*, November 17, 2020, YouTube video, 48:41, youtube.com/watch?v=4KZrOf0lyUA.

194쪽 사람들은 모든 것에서 벗어나: Marcus Aurelius, *Meditations*, trans. Gregory Hays (New York: Modern Library, 2003), 37.

12. 원래 세웠던 투자 전략에서 벗어나지 마라

197쪽 그의 아버지 옴 파브라이는: William Green, *Richer, Wiser, Happier: How the World's Greatest Investors Win in Markets and Life* (New York: Simon & Schuster, 2021).

197쪽 "아버지는 '나를 벌거벗겨서 황무지 한가운데에 있는 바위에 눕혀놓아도'": "Mohnish Pabrai's Interview at Mint Equitymaster Investor Hour on April 11, 2023," *Chai with Pabrai* (블로그), chaiwithpabrai.com/uploads/5/5/1/3/55139655/mohnish_pabrais_interview_at_mint-equitymaster_investor_hour_on_april_11_2023.pdf.

197쪽 파브라이는 고등학교를 졸업할 때: Preston Pysh, "Mohnish Pabrai's Approach to Beating the Market," *Forbes*, January 16, 2017, forbes.com/sites/prestonpysh/2017/01/16/mohnish-pabrai/?sh=48e243dd3e01.

198쪽 결국 1983년: "Mohnish Pabrai's Q&A Session with Students at Clemson University on January 27, 2021," *Chai with Pabrai* (블로그), chaiwithpabrai.com/uploads/5/5/1/3/55139655/mohnish_pabrais_qa_session_with_students_at_clemson_university_on_jan_27_2021_v2.pdf.

198쪽 고객에게 IT 컨설팅과 시스템 통합 서비스를 제공하는 회사였다: "Mohnish Pabrai, Managing Partner, Pabrai Investment Funds," Udemy, n.d., udemy.com/user/mohnishpabrai.

198쪽 6년 후인 1996년: Inc. Staff, "The Inc. 500 Index," *Inc.*, October 15, 1996, inc.com/magazine/19961015/2077.html.

198쪽 어느 날 런던 히드로 공항에서: Nikhil Agarwal, "Man Who Made His Billions by Cloning Buffett, Says Shed Ego First to Get Rich," *Economic Times*, May 19, 2021, economictimes.indiatimes. com/markets/stocks/news/man-who-made-his-billions-by-cloning-warren-buffett-says-shed-ego-first-to-get-rich/articleshow/82761893.cms.

199쪽 그는 기술주 거품이 절정에 달했던 1999년에: Vanya Gautam, "Mohnish Pabrai: The 'Copycat Crorepati' Who Made Billions by Following Warren Buffett's Strategy," *India Times*, November 17, 2022, in diatimes.com/worth/news/copycat-crorepati-mohnish-pabrai-who-clones-warren-buffett-585048.html.

199쪽 현재 파브라이 펀드라고 알려진 투자 펀드를 시작했다: William Green, "Turning $1 Million into $1 Billion by 'Cloning' Warren Buffett," *LinkedIn*, April 20, 2021, linkedin.com/pulse/turning-1-million-billion-cloning-warren-buffett-william-green.

200쪽 "좋은 소식은, 내가 룰조차 제대로 모르는 선수들과 경쟁하고 있다는 것": Green, *Richer, Wiser, Happier*, 35.

201쪽 파브라이 펀드는 2000년부터: Agarwal, "Man Who Made His Billions."

201쪽 투자 대상 중에는: John Vincent, "Tracking Stocks in Mohnish Pabrai's Investment Funds: Part III," *Seeking Alpha*, October 10, 2011, seekingalpha.com/article/298573-tracking-stocks-in-mohnish-pabrais-investment-funds-part-iii.

202쪽 "뭔가를 하기로 마음먹었으면": Chuck Chakrapani, *The Good Life Handbook: Epictetus' Stoic Classic Enchiridion* (Toronto: Stoic Gym, 2016), 69.

203쪽 "수십 가지 묘책을 보았다": Howard Marks, *Mastering the Market Cycle: Getting the Odds on Your Side* (Boston: Houghton Mifflin Harcourt, 2018), 235.

204쪽 《뉴욕타임스》 기사에 따르면,: Charles V. Bagli, "Nasdaq Adds the Biggest, Brightest Light to the Times Sq. Glare," *New York Times*, December 29, 1999, nytimes.com/1999/12/29/nyre gion/nasdaq-adds-the-biggest-brightest-light-to-the-times-sq-glare.html.

206쪽 대신 "자신이 이룬 많은 일들을 계속 떠올려라": Seneca, *Letters from a Stoic*, trans. Robin Campbell (New York: Penguin Books, 2004), 64.

206쪽 2023년 7월 현재 그는: "Mohnish Pabrai's Portfolio," ValueSider, accessed July 26, 2023, valuesider.com/guru/mohnish-pabrai-dalal-street/portfolio.

208쪽 "모두들 지식을 원하지만": "Thoughts on the Business of Life," *Forbes*, forbes.com/quotes/5755.

208쪽 열심히 일해서 좋은 성과를 거두면,: *Musonius Rufus: Lectures and Sayings*, trans. Cynthia King, (North Charleston, SC: CreateSpace, 2011), 91.

스토아 철학이 가르쳐주는 투자 테크닉
13. 주식 투자, 어떻게 시작할 것인가

216쪽 부동산은 역사적으로 주식보다 성과가 낮았다: 장기적으로 S&P 500은 투자자에게 연평균 약 10퍼센트의 수익률을 제공한 반면, 부동산 수익률은 3~4퍼센트에 불과하다. John Csiszar, "Should You Invest in Real Estate or the Stock Market?," *Yahoo! Finance*, January 24, 2023, finance.yahoo.com/news/invest-real-estate-stock-market-120027283.html.

216쪽 일부 고용주는 개인이 납입한 금액의 일정 비율까지: 고용주가 직원의 401(k) 납입금을 매칭해

주는 경우 일정 금액까지 납입금을 내주는데, 일반적으로 급여의 4~6퍼센트 정도다. 즉 20퍼센트를 납입하고 고용주에게 20퍼센트를 더 받을 수는 없다. 고용주마다 매칭 비율도 다르다. 부분 매칭의 경우 고용주는 직원 납입금의 일정 비율, 즉 납입한 1달러당 50센트를 매칭해 준다. 완전 매칭, 즉 1 대 1 달러 매칭은 고용주가 직원이 납입한 금액만큼 내준다는 뜻이다.

218쪽 중간 가구 소득이 1년에 8만 893달러일 때: Ironman at Political Calculations, "Median Household Income in February 2023," *Seeking Alpha*, April 4, 2023, seekingalpha.com/article/4592188-median-household-income-in-february-2023

218쪽 실소득은 5만 7,000달러 정도 된다: 실제 세율은 거주하는 주에 따라 다르다. 이 계산기는 평균적인 세금 부담을 29.14퍼센트로 가정한다. "Federal Income Tax Calculator—Estimator for 2022-2023 Taxes," Smart Asset, smartasset.com/taxes/income-tax es#if0RCFtLkp.

219쪽 30년 동안 실소득의 10퍼센트인 5,700달러를 투자하면: investor.gov 복리 계산기를 이용해서 계산한 수치. "Compound Interest Calculator," Investor.gov, investor.gov/financial-tools-calculators/calculators/compound-interest-calculator.

220쪽 미국에서 은퇴한 평균적인 근로자는: James Royal & Brian Baker, "What Is the Average Social Security Check?" *Bankrate*, July 13, 2023, bankrate.com/retirement/average-monthly-social-security-check.

220쪽 예를 들어, 2010년에는 은퇴한 근로자가: Social Security Administration, "Average Retired Worker's Monthly Benefit Is $1,164," *Tampa Bay Times*, April 28, 2010, tampabay.com/archive/2010/04/28/average-retired-worker-s-monthly-benefit-is-1164.

220쪽 2023년에 은퇴자들이 받는 연금 액수는: "CPI Inflation Calculator," U.S. Bureau of Labor Statistics, bls.gov/data/inflation_calculator.htm.

220쪽 2022년 현재 미국 가구의 66퍼센트가: Statista Research Department, "Homeownership Rate in the United States from 1990 to 2022," *Statista*, February 6, 2023, statista.com/statistics/184902/homeownership-rate-in-the-us-since-2003.

220쪽 2022년 현재 1997년~2013년 사이에 태어나: Katherine Hamilton, "Gen Z Ahead of Millennials—and Their Parents—in Owning Their Own Homes," *Forbes*, April 21, 2023, forbes.com/sites/katherinehamilton/2023/04/21/gen-z-ahead-of-millennials-and-their-parents-in-owning-their-own-homes/?sh=882c48a7d0e6.

14. 스토아주의자처럼 은퇴하기

224쪽 미국 재무부 채권의 연평균 수익률은: "Historical Returns on Stocks, Bonds and Bills: 1928-2022," New York University Stern School of Business, January 2023, pages.stern.nyu.edu/~adamodar/New_Home_Page/datafile/histretSP.html.

226쪽 가장 많이 언급하는 비율은: Jasmin Suknanan, "What Is the 4% Rule and How Can It Help You Save for Retirement?" *CNBC Select*, November 30, 2022, cnbc.com/select/what-is-the-4-percent-retirement-savings-rule.

226쪽 "우리는 유연해져야 한다": Lucius Annaeus Seneca, *On the Shortness of Life: Life Is Long if You Know How to Use It*, trans. C. D. N. Costa (London: Penguin Books, 2005), 90.

228쪽 "사람들이 '50살이 되면 은퇴해서 여가를 즐길 거야'": Seneca, *On the Shortness of Life*, 10.

228쪽 대부분의 사람들은 "삶이 끝날 때가 되어서야": Seneca, *On the Shortness of Life*, 11.

15. 90 대 10 트레이딩 규칙

231쪽 "본인이 어떤 일을 하기 힘들다고 해서": Marcus Aurelius, *Meditations*, trans. George Long (Standard Ebooks, public domain), 88, standardebooks.org/ebooks/marcus-aurelius/meditations/george-long.

232쪽 금광 회사 배릭 골드 주식을 매수했다가: Theron Mohamed, "Warren Buffett Slashes JPMorgan and Wells Fargo Stakes, Bets on Barrick Gold," *Business Insider*, August 14, 2020, markets. businessinsider.com/news/stocks/warren-buffett-sells-jpmorgan-wells-fargo-buys-barrick-gold-2020-8-1029506182.

232쪽 6개월 뒤에 거의 같은 가격에 매도해: Shubham Raj, "Does Warren Buffett's Short Honeymoon with Gold Signal You to Sell Yours?," *Economic Times*, February 19, 2021, economictimes.indiatimes. com/markets/stocks/news/does-warren-buffetts-short-honeymoon-with-gold-signal-you-to-sell-yours/articleshow/81105197.cms.

232쪽 이 포지션은 버크셔 해서웨이 총자산의: 2020년에 버크셔 해서웨이의 총자산은 8,737억 2,900만 달러였다. "Berkshire Hathaway Total Assets 2010 – 2023 | BRK.B," MacroTrends, macrotrends.net/stocks/charts/BRK.B/berkshire-hathaway/total-assets. 2020년에 배릭 골드 주식을 5억 6,200만 달러어치 매수했는데, 이는 버크셔 총자산의 0.064퍼센트에 해당한다.

232쪽 회사가 감수해야 하는 위험은 미미했다: Maggie Fitzgerald, "Barrick Gold's Stock Soars More Than 10% after Buffett's Berkshire Reveals Stake," *CNBC*, updated August 19, 2020, cnbc. com/2020/08/17/barrick-golds-stock-soars-after-buffetts-berkshire-reveals-stake.html.

234쪽 "1년 내내 꾸준히 돈을 벌 수는 없다": Jesse Livermore, *How to Trade in Stocks* (New York: Duell, Sloan and Pearce, 1940), 3.

234쪽 "'패닉 버드'라고 알려진 몇몇 투기꾼들은": Edward Chancellor, *Devil Take the Hindmost: A History of Financial Speculation* (London: Penguin, 1999), 168.

235쪽 일반적인 손실 한도는 10퍼센트다: The Investopedia Team, "Determining Where to Set Your Stop-Loss," *Investopedia*, June 4, 2023, in vestopedia.com/ask/answers/030915/how-do-i-determine-where-set-my-stop-loss.asp.

241쪽 "로마인처럼 매 순간 집중해서": Marcus Aurelius, *Meditations*, trans. Gregory Hays (New York: Modern Library, 2003), 18.

결론 — 바위처럼 단단한 투자자가 되는 법

246쪽 주식을 보유하고 있는데: 안타깝게도 이 인용문의 출처를 찾지 못했다. 필자가 누구인지도 모른다. 필자가 주식 대신 금에 투자하라고 홍보했던 건 기억난다. 출처를 알고 있다면 알려주면 고맙겠다! 내 웹사이트로 연락을 주면 이 주석 내용을 업데이트하겠다.

옮긴이 **박선령**

세종대학교 영어영문학과를 졸업하고 MBC방송문화원 영상번역과정을 수료했다. 현재 출판번역 에이전시 베네트랜스에서 전문 번역가로 활동 중이다. 옮긴 책으로는《타이탄의 도구들》《인생 설계자》《언스턱》《당신은 꽤 괜찮은 사람입니다》《니체에게 경영을 묻다》《브레인 키핑》등이 있다.

부의 핵심

감정에 휩쓸리지 않고 지속적으로 부를 쌓는 방법

초판 1쇄 인쇄 2024년 11월 21일 | 초판 1쇄 발행 2024년 12월 5일

지은이 다리우스 포루 | 옮긴이 박선령

펴낸이 신광수
CS본부장 강윤구 | 출판개발실장 위귀영 | 디자인실장 손현지
단행본개발팀 김혜연, 조기준, 조문채, 정혜리
출판디자인팀 최진아, 당승근 | 저작권 김마이, 이아람
출판사업팀 이용복, 민현기, 우광일, 김선영, 신지애, 이강원, 정유, 정슬기, 허성배, 정재욱, 박세화,
    김종민, 정영묵, 전지현
영업관리파트 홍주희, 이은비, 정은정
CS지원팀 봉대중, 이주연, 이형배, 전효정, 이우성, 신재윤, 장현우, 정보길

펴낸곳 (주)미래엔 | 등록 1950년 11월 1일(제16-67호)
주소 06532 서울시 서초구 신반포로 321
미래엔 고객센터 1800-8890
팩스 (02)541-8249 | 이메일 bookfolio@mirae-n.com
홈페이지 www.mirae-n.com

ISBN 979-11-7311-404-5 (03320)

* 와이즈베라는 ㈜미래엔의 성인단행본 브랜드입니다.

* 책값은 뒤표지에 있습니다.

* 파본은 구입처에서 교환해 드리며, 관련 법령에 따라 환불해 드립니다.
    다만, 제품 훼손 시 환불이 불가능합니다.

와이즈베리는 참신한 시각, 독창적인 아이디어를 환영합니다.
기획 취지와 개요, 연락처를 bookfolio@mirae-n.com으로 보내주십시오.
와이즈베리와 함께 새로운 문화를 창조할 여러분의 많은 투고를 기다립니다.